零式活人術　II

バウンダリー叢書

炭粉良三

零式活人術

海鳴社

表紙・裏表紙、本文中の写真：小松紀子
挿絵、続・坪井将誉伝の写真：炭粉良三

もくじ

零式活人術　Ⅱ

はじめに

「零式活人術」の続編が出来上がりました。

これは前作でも申し上げた二人の患者・桂川雄太君と我が母のその後を追うと共に、新たに与えられた患者・大和拓也君の様子を描くものです。と同時に零式を科学しようとする試みから生まれた仮説も一つ紹介するものです。

しかし実は…今回の作品を発表するべきかどうか、とても迷いました。

何せ、話が話なのです。

前作の最後に、私は大腸癌（第三期）に罹患した母の覚悟を書きました。母は腸閉塞回避のための手術以外は病院での全ての癌治療を拒否し、唯一私の零式施術だけを受け続けたのでした。
そして一年。母の癌は綺麗に消失してしまいます。これ以上ないほどの奇跡でした。
この続編にも、当然その事実を書かなければなりません。

しかしながら…

本編「零式活人術Ⅱ」の目的は、〈零式が癌を治した〉という事実を喧伝するものではありません。けれども往々にして世間ではそう受け取られる可能性が高いと考え、それ故に発表を躊躇したのです。

読者の皆様に、ここでもう一度申し上げます。
零式の成功率は、たかだか六割ほどにすぎません。これは外科的なものから内科的なものまで、全てに当てはまります。しかも施術者の自分ですら「何で効くのか・効かぬのか」が解らず、ために施術において成功率を上げる努力の仕様とてありません。

そこでまずはじめに、それでもなお「発表しよう」と決心した私の目的を明確に書き記しておこうと思います。

拙文を読んで下さればお分かりになりますが、物語の後書きに桂川雄太君の友人の話が出て来ます。事情があってその友人への取材は出来ませんでしたが、彼はある凄まじい病に罹患します。そしてもはやどうしようもない状況に叩き落とされた時、とても信じられないような（あえて言います、「バカみたいな」）ことで、速やかに、しかも鮮やかに生還劇を果たしてしまうのです（皆様、今しがた象徴的なことが起こりました！　実は今私も、濃いコーヒーが気にいってよく寄る神戸の老舗喫茶店・元町サントスにてその〈バカみたいなこと〉をしながらこの文章を書いていたのですが、それを嫌った横の席にいた女性のお客様に、席を変わられてしまいました！　申しわけないことをしました…）。

この時、ではそのバカみたいなことそれ自体が彼の病を治したのだろうか。

いや違う！　即ち、同じ病に苦しむ人達が彼と同じ方法を採ったとしても、恐らく治癒は難しいだろう。

では何故、彼はそれで生還出来得たのか？

きっと、それを許されることで〈彼が得た何か〉によってだ！　そうに違いない！　それこそが彼の免疫スイッチを押したのだ…そう思い至った時、私は本作の発表を決意したのです。

母にとって、否、今まで零式が効いた方々にとって〈掌を患部にあてがう行為〉とは…この雄太君の友人にとっての〈バカみたいなこと〉に当たるのかも知れない。その場合、その行為自体は病を治す本質などではないことになります。

では、その「何か」とは何か?!

「それを読者の皆様と共に考える機会を作ろう。そしてそれが皆様のそれぞれの人生に、どうかお役に立ちますように」

この〈祈り〉こそが、本作の目的なのです。

とはいえ、重いテーマではあります。
こんな世界を毎日行脚して回る炭粉良三とは、一体どんなヤツなんだ?
その答は、単なる〈酒呑み〉で御座います。
話が重くなりすぎないように、零式施術行脚の舞台裏を付録致しました。
読者の皆様、どうか呆れながらも笑ってやって下さい。

それでは皆様、「零式活人術Ⅱ」をどうぞ！

平成二十七年　そろそろ気の早い蝉が鳴き出す頃…

炭粉良三

元町サントス
原稿を書くときによく寄ります。

前著までのあらすじ

平成二十年夏、武術の奥義・合気を開眼したと言われる物理学者にして柔術家・保江邦夫に挑んだ炭粉良三は、その合気の前に自分の空手の技を完封される。この経験から炭粉は合気について熟考、実際の出来事とそれを認識することとの間のタイムギャップに思い至り、同時に自分の仕事である活法（武術の技術により怪我や病気を治す）に取り入れる可能性を模索する。

そして平成二十六年晩秋より、骨折箇所に掌を一度あてがうだけで一週間以内に完治してしまう奇跡を二度経験、自分の能力を遥かに超えているという見地から、これを「零式」（自分の能力はゼロという意味）と名付けた。

その後、武術の実際の攻防にも己の敵意を〈舞〉に転化することでゼロと化し、相手の意識の起こる前に行動する術《すべ》をついに得た。

しかし開眼を喜ぶ炭粉良三に待っていたものは、母の大腸癌と己の腸内の複数の腫瘍だった。母と共に、自分の人生に心から満足する境地を得た炭粉良三は病を受け入れ治療を拒否、同じく治療を拒否した母への零式施術を中心に、求められるにまかせ最後まで施術行脚の道を選んだ…

わが子よ、わたしの言葉に耳を傾けよ。
わたしの言うことに耳を向けよ。
見失うことなく、心に納めて守れ。
それらに到達する者にとって、それは命となり
全身を健康にする。
何を守るよりも、自分の心を守れ。
そこに命の源がある。
曲がった言葉をあなたの口から退け
ひねくれた言葉を唇から遠ざけよ。
目をまっすぐ前に注げ。
あなたに対しているものに　まなざしを正しく向けよ。
どう足を進めるかをよく計るなら
あなたの道は常に確かなものとなろう。
右にも左にも偏ってはならない。
悪から足を避けよ。

（旧約聖書　箴言　第四章　二十節から二十七節まで）

序

平成二十六年、台風一過。
ある晩夏の昼下がり。
私は不思議な光景を眺めていた。

ここは標高約二百メートル、神戸を走る六甲山脈中腹に開けた高級住宅街である。
そこに建てられた団地に住む、母の施術に訪れての帰り。台風によって空気中のチリが全て吹き飛ばされ、あまりに美しく眼下に広がって望まれる大阪湾周辺都市の大パノラマに、しばし見入っていた。その時である。

「おや…あれは何だろう？」

見はるかす大阪の街の、その奥に展開する山々。大阪府と奈良県の境である。

その山々の左端に、まるでふたこぶラクダの背を連想させるような奇妙な形の山影が、蜃気楼のように見えていた。

母の体調管理にこの地を訪れるようになって、既に久しい。しかし、あんな形の山が今まで見えたことはなかった。非常に距離が遠いため、めったには見られないのだろう。

「不思議な形の山だ。何故だか、あの山に呼ばれているような気がする…」

何せ、母は大腸癌の第三期なのだ。

その癌に対する病院の治療は、一切断っている。

彼女にとって、定期的に行われる病院の検査と我が零式だけが全てなのだ。

だから、週に二度から三度、母を訪れ施術する。その度にこの景色を見ていたはずなのだが、しかし今まで気づかずにいた。

「もし呼ばれているのだとしたら、またその内あの山近くに御縁が出来るかも知れない…」

漠然と、そう思った。

それからというもの、施術後の帰り道に必ずその山が見えるかどうか探すようになった。

だがそれは、よほど空気が澄んでいる時しか、めったには見えなかった。

第一章　それからの桂川雄太

一

「炭粉先生、岡山の病院に行くことにしました」

彼がそう私に告げて来たのは、本年（平成二十七年）一月中頃だった。大阪の病院からも「より詳しく病状を把握するために」と、ずっと転院を勧められていたらしい。大阪での検診で肺動脈がのっぴきならない状態に悪化していることが判り、そこで彼は転院を決心したとのこと。

慢性血栓塞栓性肺高血圧症。この難病は何せ、国内でも症例は極めて少ない。従って、病院でも彼に対する治療法はそのほとんどがまさに〈手探り〉状態なのだ。この病気治療の経験があるあらゆる医師、あらゆる治療法をあたり、可能性を追求しなければならない。

「そうか、さすがの俺も岡山までは行けないから、しばしのお別れだな」

「はい、まあどのくらいの入院になるかは分かりませんが、また戻って来たら宜しくお願いします」

そう言い残して、雄太は（変な言い方だが、元気に）岡山に向かった。二月初旬のことである。

二

「き…君はどうして普通に廊下なんか歩いてられるんだッ?!」

岡山での最初の検査にて雄太の体調の医学的状態を目の当たりにした医師が、そう叫んだ。

心臓から肺に向かう動脈の内の少なからずに、血栓が生じている。つまり、血液が肺に向かってスムーズに流れない。そこでその滞る血流を何とか促そうと、心臓が頑張る。その際に心臓にかかるストレス、健常者の何と八倍！

「ステージ・五」、彼は医師からそう告げられた。この言葉が意味することは、癌で言えば末期も末期。いつ血を吐いてバタ一ッと倒れ、死んでしまってもおかしくはない状態。

「いいか、君の肺動脈の状態は〈のっぴきならない状態〉なんてモンじゃない、もっと深刻だ！

早速集中治療室に入ってもらうが、しばらくは出られないと思ってくれ」

さすがの雄太も、これを聞いて意気消沈した。

「僕はそんなに悪くなっていたのか。こんなに動けるのになあ…」

バルーンカテーテルを血管内に入れ、血流を促し、心臓の負担を軽くさせることが急務となる。

しかし、ここで問題がある。

造影剤だ。

雄太の身体は、これにアレルギー反応を起こすのだ。それは極めて深刻な事態を引き起こす可能性を秘めていた。

だが、血管の位置を正確に割り出すには、造影剤が不可欠なのだ。

でなければ、バルーンカテーテルの術式は出来ない。


……………………


「炭粉先生！　僕、どういうわけか今回、造影剤に対するアレルギー反応が全く出ませんでした！

零式して貰ってたからでしょうか…お陰で僕の体質が変わったのかな？」

術後の雄太から、元気なメールが届いた。

「零式の効果云々はよく分からんが…そうか！　それは良かった！　ということは、その後の身体の状態や治療は良い方に進んでいると理解して良いんだな？」

「身体は元々元気です。治療については相変わらずの手探りですが、カテーテルに関して世界トップクラスの素晴らしい医師がおられますので、必ず何とかなると信じています！」

「おお！　そんなに素晴らしい医師がおられるとは…この辺が君の強運というか人徳というか…」

「ところでな雄太君、君が送ってよこしたこの二枚の写真だが……」

三

「ああ、あの合気上げの写真ですね！　二人とも相手はお医者さんなんだけど、上手くかかりました（笑）」

「ア、アホかあッ！　笑いごとやないわいッ！　集中治療室で酸素マスクしながらやるコトかいッ！」

「だって、せっかく畑村会長や炭粉先生から教わった合気が消えてしまうのイヤですもん」

それは、一枚目はオーソドックスな合気上げ、二枚目は片手で上げる諸手捕りを決めている写真だった。二枚ともしっかりと技が決まり、相手の医師達は（何と雄太のベッドの上で）爪先立ちにされている。上げている雄太の鼻と口は、キッチリ酸素マスクで覆われているではないか（呆）。

「しかし…まあ、見事だ」

「あんまり不思議だ不思議だと言われるんで、僕、言ってやりました。『詳しくは、ここからそう遠くないノートルダム清心女子大の保江邦夫教授に聞いてほしい』と。皆さん、必死にメモってました（笑）」

「全く、君というヤツは…るるどさん（注：雄太と同病の関西在住の女性）には合気上げの動画まで送ったやろ！」

「ゲッ！　先生、どうしてそれを…」

「ネタは挙がっとる。ちゃんと養生しなさいよ、全く！」

「ハイ、分かりました。これからは養生に努めます（笑）」

これが、桂川雄太という青年なのだ。分かって頂けただろうか、彼の人となり。

さて、そんな雄太ではあったが、その後の検査でより厄介な病状が判明することになる。

四

門脈という血管がある。正確には肝門脈と言うらしいが、とにかく肝臓に血液を送り込む血管のことだ。その門脈が雄太の場合、一応肝臓に向かって進んでいるように見えて、実は肝臓を迂回（！）し、またぞろ心臓に通じてしまうという。

この先天的な奇形が発見されたことで、彼には肝臓移植の必要性が浮上したのだ。これは精密な血液検査にて発見された。彼の血液中に、アンモニアが検出されたのだ。それは身体中を廻る血液が肝臓において解毒されていないことを意味する。つまり、血液のいくらかが肝臓を経由していないことになる。

何故肝臓移植が必要になるかというと、この奇形は先天的なもの故に、雄太の肝臓は一度に多量の血液を供給されることに慣れていないからだ。早い話が、雄太の肝臓を人に喩えると、せいぜい自転車しか漕いだことのない人にいきなり車の運転を強いるようなものなのだ。この門脈の奇形を手術で正すことは出来るが、果たして雄太の肝臓が（普通の人には当たり前だが彼の肝臓にとっては生まれて初めての経験となる）大量の血流に耐えることが出来るかどうか。もし出来なければ、提供者を待ち肝臓移植しかない。

この結果を知った時さすがに我々二人は、先ほどのまるでチャット状態のメール交換をする気には、とてもなれなかった。

「そうか…そんな奇形が雄太の門脈に…」

返す返すも、思う。

今まで本当に、よく生きて来た！
よく、我々と共に稽古も出来た！

五

だが、もし肝臓移植となると、もう一つ厄介極まりない問題が生じる。

免疫抑制剤の投与である。


免疫とは、自分の身体の中に侵入した異物を攻撃して死滅させる、自己保存のための優れた機能だ。これが備わっているからこそ、我々はウイルスや病原菌由来の病気になっても無事治ることが出来る。ところで他者の臓器は自分にとって、異物中の異物だ。だからこんなものを体内にそのまま入れれば、それこそすぐさま免疫の集中砲火を浴びることになるのだ。

だから、免疫抑制剤で自己免疫を抑える必要がある。が…

同時にこれは、他の病気や怪我に対して、その防御をも抑えさせてしまうことを意味する。だから他者の肝臓を自分の身体が完全に受け入れてくれるまでの間に他の疾患を喰らえば、ひとたまりもない。


それでなくとも雄太は重病患者なのだ、初めから…

「岡山での第一段階の治療は終了しました。しばらく様子を見て、数カ月後に肝臓移植の必要があるかどうかの検査に入ります。だから三月中旬にいったん京都に戻ります。炭粉先生、また施術宜しく！」

「おう！　大丈夫だ、君は死なんよ！　絶対にな」

そうだとも！

桂川雄太よ、君は死なん。

否、決して死なせはしない。

君は、今こうしている間にも重病に苦しむ人達の、希望の星なんだ。

死なせて、たまるか!!

…………………………

予定調和が動き出す。

その重病患者の一人が、これから現れる。

大和拓也という、三十六歳男性。

六年前に脊椎を損傷し、爾来車椅子生活を余儀なくされている青年。

彼はまさに、雄太が岡山にて奮闘中に、ある縁で導かれるように私の前に現れたのだ。

その居住地は、奈良県御所《ごせ》市。

何と…時折母への施術の帰りに六甲から見えていた、あのふたこぶラクダのような不思議な形をした山・二上山を近くに望む地だったのだ！

第二章　遥かなる二上山《にじょうざん》からの誘《いざな》い

一

雄太が岡山の病院へと転院して行った頃、まるでそれを待っていたかのような出来事が起こる。

ある日、冠光寺流柔術神戸道場長・浜口隆之からメール連絡が届いた。

「炭粉さん、ウチの門下生の方で施術を受けたいという男性がいます。メールアドレスを教えても良いですか？」

もちろん、承諾した。

やがてその方から打診メールが来た。私より年輩の方で、ヘルペスに由来する身体の不具合を診てほしいとのことだった。

私にとって初めての方だったので、施術の様子などを説明しなければならないが、拙書を読んで下さってのことならその説明はある程度省ける。だからそれだけの軽い気持ちで「『零式活人術』はもう読まれましたか？」とお聞きすると、「まだ読んでいない」との返事が来た。それなら仕方がない。施術には一カ所に約二十分かかることや見料のこと、そして往復運賃は別途実費を頂くこと等をお知らせした。

すると、次の日に彼から意外なメールが送られて来たのだ。

二

「直ぐに書店に行き、『零式活人術』を購入して読みました。すると冒頭の小坂正医師の推薦文を読んで驚きました。小坂先生はかつて脊椎損傷により身体が動かなくなった人を気功で治した経験を書かれています。実は私の甥っ子が、脊椎損傷で車椅子生活を余儀なくされているのです。炭粉先生、私と同時にその甥っ子も診て頂けないでしょうか…」

何とッ！

小坂医師が脊損患者を治癒させた下りは上京時に御本人から直接聞いていた（詳しくは小坂正著『身体の痛みを取るには気功がいい！』〔風雲舎〕参照）。しかしこれは一種の奇跡と言える事態であり、私の零式によって骨折が一週間以内に治癒した例とは次元が違う。いや、違いすぎるのだ！

骨は（無論骨折により骨の位置がおびただしくズレた場合は別として）、放っておいても二カ月でくっつく。つまり、治る前提が〈先ずありき〉なのだ（一週間以内に治るところは、やはり奇跡的ではあるが…）。しかし脊椎損傷はムリだ！　医学的にも、絶対に治癒しないと確定されている。小坂医師は気功によってその医学的に絶対不可能を可能にしたわけだが、私は気功そのものを知らない。

そもそも「零式」という名前は、「こんなはずではない！　これは自分のせいじゃない！」という焦りの気持ちから苦し紛れにつけた名前であって、だから私には気功は習ったことも稽古したこともないのだ。即ち零式は気功であるとは言えない。

そんな私が果たして小坂医師と同じことが出来るものなのだろうか…事前に相談してみようか、とも思ったが、もし相談したって小坂医師のことだ、またきっと「おもしろい！　炭粉さん、行け！」と言われるに違いない。

正直、迷った。

それは、この伯父と甥が我が町からは遥かに遠い、奈良県橿原市と御所市であったこととも相まって。

けれど、決心した。
行こう！
やってみよう！
やってみなければ、何も分からないじゃないか！
決心して、思った。
「遠い旅になる。距離的にも、そして〈心〉にとっても…」

三

決心してから、小坂医師に伝えた。

「よし、やってみたまえ！　自転車に乗るように自然に。私も遠隔気功で援護する」

医師からの言葉を胸に、乗り慣れぬ近鉄電車にて一路奈良県橿原市を目指す。

橿原神宮前で下車、我が町から二時間半かかった。

浜口門下の件の男性が、御夫婦で迎えに来て下さっている。ここから彼らの車で約十五分、御所市に至る。

「私の妹の息子なんです。歳は三十六歳。関西学院の学生だった関係で、卒業後もずっと西宮にいて飲食店で働いていたのですが、六年前の夜に車を避けようとして誤って仁川という川に転落しました。下に水はなく、コンクリートの川床に叩きつけられ、胸椎と腰椎を損傷。極めて重篤な状態に陥りましたが、妹夫婦の献身的な看護で何とか一命を取り留めたのです。しかし…爾来車椅子生活者になってしまいました。炭粉先生の本を読ませて頂いた時、小坂先生の文を読んで、これはもう甥っ子の元に先生を呼ぶために私の病が引き金になったんだと思ったのです」

むう……

何て重い話だろう。

そして、私は出会った。

未だ春秋に富む若者なのに、車椅子生活を余儀なくされているという青年、大和拓也君に。

四

「車椅子からベッドに移れますか?」

「はい、それは出来ます」

そう言って、拓也君はスムーズにベッドに仰向けに横になった。私はそれを見て感動した。これだけの動作が出来るようになるまでに、一体どれだけの練習をしたことだろう。

施術開始。足の筋肉は、既にカチカチに固まってしまっている。少しほぐした後でうつ伏せになってもらい、損傷部二カ所に零式を施す。右掌で胸椎、左掌で腰椎を同時に行った。二十分かかるので、万一うつ伏せ寝の体勢が苦しいならなるだけ短時間で済まそうとの考えからだ。

「君はしかし、今はもう働いているんだってね」

「はい。幸運にも、こんな状態でも出来る仕事を与えられました。東大阪の石切まで通ってます」

「なッ、何だってぇ?!　石切って…ずいぶん遠いじゃないか！」

「ええ、でも贅沢は言えません。仕事があっただけで当世どれだけ幸運か」

「確かに。しかし、よく頑張るなあ車椅子で」

「雨の日なんか泣きますよ。だって傘させないですからね」

「うーーーん…」


頑張り屋だ。

素晴らしいと思った。

何でも、脊椎損傷の患者専門のリハビリセンターが東京にあり、二週間に一度の割合で週末、御両親が車で彼を東京にまで連れて行くのだそうだ。

一家揃って、頑張り屋なのだ。


その努力は報われなければならない。

絶対に。

強く、そう思った。

拓也君の施術後、彼の伯父夫婦への施術も終えて、家路につくことになった。彼の家を出るともう夕方になっていたが、目の前に高い山が二つそびえている。来る時には気づかなかった。

「金剛山と、葛城山ですよ先生」伯父さんが教えてくれた。

「さあ、乗って下さい。橿原神宮前まで車で送ります。御所にも駅はあるんですが、橿原神宮前からの方が便利で早い」

途中、古都・奈良の黄昏の風情を見ることが出来た。古墳群に、大和三山の一つである畝傍《うねび》山。のどかだった。

同じ古都でも千年都の京都にはない、落ち着いた雰囲気がある。京都はどこへ行っても人・人・人だ。しかしここには、人の姿があまり見えない。

「あおによし、やまとは国の〈まほろば〉かぁ…」

突然、車を運転してくれている伯父さんが、窓の外を指さして言った。

「そして先生、あの変わった形をした山が二上山です。ほら、まるでふたこぶラクダの背中みたいでしょう」

私は、乗っている後部座席の窓から指さされた方を見た。

そして、驚いた！

「アッ！　あの山は…!!」

五

「どうかしましたか先生？」

「いや…ええと、あの山、二上山というのですか」

「ええ。ちょうど大阪府と奈良県の境目くらいに位置してましてね。何せ特異な形だから、それこそ万葉の昔から様々な伝説があるんですよ」

「そ、そうなんですか…」

「実は、ほんの時折ですが、六甲中腹にある私の母の家から見える時があるのです。よほど空気が澄んでいる時だけ、まるで蜃気楼のように大阪東部の山々の遠景、その左端に…」

「へーー、神戸から見えているのですか！」

「ええ、多分、間違いないと思います。何故かあの山に呼ばれているような気がしていたのです、ずっと。それがこんな形で出会えるとは…」

帰り道、大和八木駅で乗り換えてから鶴橋に向かう近鉄急行の車窓から、ずっと二上山を見つめていた。

『間違いない。この山だ。今回は一体、何が起ころうとしているのだろうか…』


一週間、経った。

拓也君への二回目の訪問日が来る。

橿原神宮前に着いた時、約束の時間まで少し間があったので、せっかくここまで来ているのだからと私は橿原神宮に拓也君快癒の祈願に詣でることにした。

それはそれは立派な神宮だった。子供の頃に一度来てはいるが、あの頃には橿原神宮の荘厳さが解らなかった。しかもこの日は私一人の貸し切り状態だったので、もったいないと本当に頭が下がった。立派な本殿と大きな鏡に向かい柏手を打ち、賽銭をあげて拓也君の快癒と、もう一人ちょっと状態が心配な女性の知人がいたので、彼女の安寧を祈った。

そして巨大な鳥居を出た時に、記念にとそれを撮影すると、またぞろ何やらＵＦＯのような光源が鳥居横に写った。驚いた私は、こういうことに詳しい大阪市阿倍野区にある居酒屋「十両」のマスターに写メールして聞いてみた。

しばらく経ってマスターから返事のメールが来た。

「炭粉さん、これはね、光の加減でレンズ内で起こる現象や。残念ながらＵＦＯやない」

「なるほど、さすがマスター。だけどさ、話したようにあれだけ重い怪我人を施術に来ているんだから、ここは神武天皇の御魂のお導きと思いたい」と返す。

すると、「橿原神宮は第一級の神宮様や。ひょっとしたら、炭粉さんの言うてはる通りかも知れへんね！　頑張って治したってや！」

さすが「十両」のマスター、人の心を私の気持ちをよ〜く分かってくれている。

何だか、嬉しくなった。

「炭粉先生、この前に施術していただいた後、風呂桶を自力でまたぐことが出来ました！」

「おおそうか！　それは良かった！」

施術に入る。

零式に入ると時として、物凄く眠たくなる時がある。

この日も、そうだった。なにがしかの夢を見ているような気がするのだが、どういうわけかいつも思い出せない。

零式は先述したように「自分の力はゼロ」だという意味だから、よく気功師が言うように「自分の掌から気（エネルギー）が放射されている」といった感覚はない。だから理屈では疲れないはずなのだが、しかしやはり得体の知れない疲れが襲って来ることもあれば、眠たくなることもある。何故なんだろうか…

うつらうつらとしている時、急に発せられた拓也君の言葉で目が覚めた。

「炭粉先生、桂川雄太君は元気ですか？」

六

「ああ、『零式活人術』を読んでくれたんだね！　有り難う、彼は元気だよ。今ちょっと岡山の病院に行ってるけどね」

「岡山と言えば、保江邦夫先生のお膝元じゃないですか！」

「そうやね」

「へーーー…」

拓也君、明らかに憧れモードだ。

雄太め、すっかりスターダムにのし上がったな（笑）。

「何でもね、集中治療室で酸素マスクつけながら、医師達を合気上げして悦に入ってるらしい。ホンマに雄太らしいわ（笑）」

「先生、その合気上げなんですが、保江先生や炭粉先生の本に頻繁に出て来ますよね。何なんですか、それ」

「それなら、後で見せてあげるよ」

その時だ、拓也君が叫んだ。

「先生、両脚が痺《しび》れてる！　感覚が戻って来ました！」

さて、拓也君の伯父は神戸道場で浜口道場長の下で稽古に励んでいる合気道家なので彼に受を頼み、合気上げや指上げ、諸手捕などを披露した。

「力も入れてないのに、どうしてこんな現象が起きるのだろう」と、驚きと共に考え込む拓也君に、伯父さんが解説し始めた。

「…というわけだ。私にはまだ出来ないが（苦笑）」

そうなんだ拓也君、合気上げなんて言うけどね、相手の腕を上げるなんてどっちでも良いねん。腕はそのままで、相手が意に反して立ち上がるところが「合気」なわけ。これ、何度言ってもなかなか伝わらないんだけどね。「そんなこと、俺でも出来る！」と腕力でやってしまう人が多いのだけれど、それでは全く意味がないねん。つまり合気とは、相手の無意識段階に働きかけて、意識していない動きをさせてしまう術なんだ。そしてこれが同時に（おそらく）零式による治療効果の元でもあると考えている。何もしないことで、勝手に君の自己免疫に火がつき、骨や筋肉が動き始めて治癒するという…

「もう少し様子を見て、君にもその合気上げをかけてみようと実は思っている」

七

さて、この大和拓也君の家を辞して近鉄急行にて一路大阪に向かう間、夜の田舎風景を車窓から眺めながら、あることを思い出していた。

実は数週間前にたまたま芦屋で自分にとっては新しく見つけた店がある。「スタート」というスナックだ。リトルドールに向かう道すがら偶然見つけたのだが、ここのママさんは癒やし系で、リトルドールとはまた違った味わいがあるのだった。何回か通っているうちの、ある激しい雨の夜のこと。店内で酔っ払って大声で喋りまくっている中年女性と出会う。昔テレビでやっていた「肝っ玉母さん」的体型のこの女性も実は「すすめ」というスナックのママさんであることが後で判明し、その店がちょうどリトルドールに近かったこともあって、チョイチョイ顔を出すようになる（お陰で私のサイフは火の車…汗）と、彼女は看護師でもあることが判明。聞けば御主人と子供三人を抱え、看護師を続けながらスナックも経営するという頑張り屋さんだったわけだ（本人曰わく、「スタート」で出会った時は次の日がたまたま看護師の仕事が休みだったため、大いにハメを外していたとのこと）。ある日の夜この「すすめ」で呑んでいると、七十を超えていると思われる白髪の常連男性客が来られ、体調が思わしくないにもかかわらず（ある目的のため）海外に出る予定を変えないと話され、ママさんや他の常連達から「止めておいた方が良い」としきりに言われていた。御本人は「私はもうこの歳だから、死んでも良いわけだ」と淡々とおっしゃる。私はその意見に大いに賛成だった。

『零式活人術』にも描いたように、母と私は自分の病を受け入れた。母子揃って、「もうすべきことは全てした。いつ死んでも悔いなどない」という気持ちからだった。けれども…

この時、看護師ママさんが言ったのだ。

「助かるものなら、助かるようにしないとダメ！」

私は心の中で、この彼女の言葉に物凄い反発を感じた。助かるも何も、自分の人生なんだ！　若いうちならともかく、もう六十をすぎてから自分の人生をどうするかなど、本人の勝手だ！　と。思えば我が父も癌摘出手術と抗癌剤を一切拒否して、笑って死んで行ったのだ。

けれども、この時初めてこうも思った。

「しかし残される人のことを考えたらなあ…配偶者や子供、あるいは親しい友人知人はやはり寂しい思いをするだろう。自分の哲学を他者に押し付けすぎることも、またいかがなものだろうか」

私にこのように考えさせるとは、さすがに看護師だ。私も様々な人の生き死にを見て来たが、彼女もまたそのはずなのだ。

私達母子がしかしながら、自分達の考えを変えることはない。

ただ、彼女のお陰で「そうは考えない」人達の気持ちも少しではあるが理解出来たのかも知れない。

しかし、だ。

如何に「死ぬ時（特に癌）は寿命」と考える私達でも、それはあくまで歳による。いまだ春秋に富む、即ちまだまだ将来ある若者に対しては、助かるため生きるためのあらゆる可能性を当たらなければならない！　当然そう思っている。

だから、桂川雄太君と大和拓也君、この二人は我が命にかけても救わなければならない。断じて！

お年寄りの不調や痛みを取ってさしあげることは、無論大切な仕事ではある。けれども患者に若者を与えられた今、私は決意を新たにしている。

とまれ…

先ほどのことは、とても難しい問題だ。

看護師ママさんの言うことが正しいのか、それとも私達母子の哲学が正しいのか。

この問題には、恐らく正解はない。

人、それぞれ。

しかし、そのそれぞれの人から依頼を受けた時、どうか零式が差別なく効きますように。

そう祈りながら、奈良から大阪へと、だんだん都会に近づき街のネオンサインやオフィスビルの明かりで光度を増してゆく夜の風景を、ただ眺めていた。

八

一気に、暖かくなった。

平成二十七年四月一日、小雨の京都・嵐山。

桜が、満開。

渡月橋から北を望めば、桂川に流れを与える山々に山桜が点在する光景が雨に霞み、まるで水墨画のような風情を醸し出している。白人観光客にはたまらないだろう。まさに京、まさに東洋。それぞれ懸命にその風景をカメラやスマホに納めようとしている。

特に休日というわけでもないのに多数の観光客でごった返す嵐山駅付近、桂川雄太の軽自動車が姿を見せる。

「炭粉先生、お待たせしました！」

「いや〜、申しわけない。混雑を避けて待ち合わせはいつも一駅手前の松尾大社だったが、原稿を書くのについ我を忘れ降りそびれてしまった」

雄太は元気だ。岡山での初回の治療を終え、いったん京都に帰って来ていた。今まで何度も繰り返し言って来たように、深刻極まる医学的所見をまるで笑い飛ばすかのように、今日も元気いっぱいだ。

彼が住むアパートに着くやすぐ施術に入る。いつものように心・肺・腎へ零式を施す。その間、約五十分。


「先生、でもこれでまたしばらくお別れですね」

「また岡山だな。しかしもうあんまり暴れるなよ！　集中治療室で合気上げくらいならまだ良いが、投げや突きなんかやったら…」

「大丈夫ですよ！　そんなことしません。しかし僕の長い闘病生活の中で知り合った神戸の若い女医さんが空手をやってた関係もあって、せっかく氣空術に興味を持ってくれて畑村会長に引き合わせる予定が…急患が入ったとのことでドタキャンになったのは残念でした」

「君なあ、その女医さんをキャロットダンスに連れて行ったやろ！」

「はい！　だってあそこ、炭粉先生が紹介して下さった店ではピカ一ですから。この前、一緒に暮らしてくれてる彼女を連れて行ったら凄い喜んでましたからね！」

「全く…俺が知らんウチに、そういうコトだけはキッチリとやるヤツやな君は！」

二人で大笑いだ。

キャロットダンスとは、東神戸の御影から駅の北側すなわち六甲の方向に登り、標高約二百メートルほどの山腹に位置するカフェレストラン兼バーだ。母の住む団地に近く、彼女への治療時に偶然見つけた。何せそんな高所にあるものだから、神戸の街並みが見事に望めるのだ。土日は夜の九時まで営業だから、夜間はそれこそ一千万ドルの夜景が眼下に広がる。もし私が若ければ、絶対に不動のデートスポットにしただろう。けれども雄太の住む場所は京都なのだ。コイツ…軽自動車でゴソゴソと。

「何でそういう時、俺に声かけないワケ？」

「危険だからです！　だってその女医さん、スラリと背は高く…」

「マジッ?!!」

「ホラご覧なさい（笑）。それに最近また芦屋界隈で行きつけ増やしたそうじゃないですか。梅田の某喫茶店にも相変わらずあしげく通ってるようだし…（苦笑）」

「グッ……」

「先生は妻帯者なんだから、もっと自覚を持って下さい」

「君な、そーいうことはな、結婚して十年も経ってから言いなさい！」

おお、何という俗な会話であろうか。

しかし、それが零式の効果に何ら影響は与えないのだ。

それが、零式というものだからだ。

俗だろうが、聖だろうが、全く関係ない。何故なら、零式は施術する者の力ではおそらくないからだ。

だから、零式すなわち術者の能力などゼロ！

さあ雄太よ、
やるだけのことはしておいたぞ。
元気に岡山へ行って来い！
帰ったら、また連絡を。

その日は珍しいことに、次の出張先は奈良県御所市。

そう、大和拓也君だ！


京都から奈良までは、案外速やかに移動出来る。近鉄一本だ。考えてみれば京都府の南隣が奈良県だから、まあ当たり前ではある。

「調子はどうだ拓也君、何か変化があった？」

「そう言えば先生、風呂に入った時の両脚に『湯の熱さ』が感じられるようになって来ました」

そうか!!

零式は確実に効き出している。

頑張ろうぜ！　拓也君。

余話「音楽と親友」

「風水神事」という、壮大なマジナイがある。

今から十年ほど前に自分で編み出した（と言うより考え出した）ものだ。

平成十八年も過ぎようとする頃の冬、義弟が劇症肝炎を患った。生存率三割の重病だ。助けるためには姉（つまり私の嫁）の肝臓を切り取り移植しなければならない、と医師が告げた。
私は内心、この医師からの案には反対だった。そんなことをすれば嫁も一生医師の世話にならなければならなくなるだろうし、下手すれば姉弟共倒れだ。それに（詳しくは述べないが）この義弟のそれまでの人生はあまり感心出来るようなものではなかったからだ。だが、最終的には嫁の判断を尊重する立場を私は取った。

嫁は自分の肝臓を提供する道を選んだ。

それから数日後のことだ。仕事も終わり一杯やろうと三宮の行きつけの焼鳥屋「くらうど」に向かう途中、その義弟から突然携帯に電話が入った。

彼は言った。
「良さん、お願いや！　姉ちゃんの肝臓を切らせないでくれ！」
「なら、君は死ぬよ」と言う私に彼は引き続き言った。

「俺はもう死んでもええ。さんざん皆に迷惑かけて来たんやから。けど姉ちゃんは巻き込まんといてほしいねん！」


理屈抜き、サムライだと思った。

そして、この義弟に対して初めて感心した。

しかし嫁に義弟のその決意を告げる前に、病院から検査を受けて帰宅した嫁が力なく言った。

「私は肝炎のキャリアだった。だから移植は出来ないそう。両親は既に歳老いてるのでムリだし…」


その時、私は思った。

自分も何も出来ないが、せめてマジナイでもしてやれないだろうか、と。そして考え出したのが、この「風水神事」だった。

五行（木火土金水）の哲学の下、その病を治癒させるために必要な方位とそれに纏わる神獣を（地蔵尊のお力を借りて）地中より顕現させ、空中にて絡ませた上その患者がいる方向に投げ飛ばすというトッピもない技（?）だ。義弟の場合は肝臓疾患だから方位は東の青龍、そして北の玄武だ。東大阪の石切に赴き青龍、そして六甲山系金鳥山に移動して玄武を想念の上、虚空で絡ませ義弟の入院する病院の方向に投げ飛ばした。

この後、実に不思議なことが起こる。まるで私の術が終わるのを待っていたかのように、山中から大量の猪達が現れたのだ。そう、二十頭はいたと思う。あっちからもヒョコッ、こっちからもヒョコッ、そして彼らは私の周りを囲み、何かを告げるような仕草をしているではないか。

「そうか！　来年は亥年だ。ということは…お前ら、術の完成を祝いに来てくれたのか…」

勝手に、そう思った。そして皆（?）で意気揚々と下山した。気の毒だったのは登って来るハイカー達。その異様な光景に悲鳴をあげて道を譲ってくれた。

やがて山の中腹にある神社まで下ると、不思議なことに猪達はそれ以上はついて来ようとはしなかった。「有り難う」と心で礼を言い、私は彼らと別れたのだった。


義弟は助かった。そして無事退院出来、現在は吹田で飲食店を経営している。

但し「風水神事」はあくまでもマジナイであって、施術ではない。

だから義弟がそれで助かったなどと言うつもりはない。

けれども、この事件を以て私は万策尽きた時の最後の手段として、この「風水神事」を術として認識したのだ。信仰など持ち合わせない私が初めて「他力」を頼む術を行ったのだ。それはまだ保江邦夫と出会う数年前であり、やがて発見する「零式」も遥か未来のことだった。

さて、私には黒岩幸一郎という大学時代からの親友がいる。彼は音楽に造詣が深く、そして大のロック好きだった。

大学を卒業し、お互いに社会人となってからのある日のこと。黒岩が急に連絡をよこして来た。聞けば、夫婦でファミレスへ食事に来た時、その時に店内でかかっていた曲に魂を揺さぶられるほど感動したと言う。急いで店員に誰の何という曲か問い合わせたが、分からないとの返事。それから大変苦労して、やっと探し当てたとのこと。

「それはなぁ、尾崎豊という男の曲やった！」

まだ尾崎豊が有名になる前の話だった。とにかく、お前も聴きに来い！　そう彼から言われ、私は彼を訪ねて行った。

そして、聴いた。

だが、正直どこがそれほど良いのか、当時の私にはサッパリ分からなかった。

そう言えば、大学時代も洋楽のロックのＬＰレコードを彼からさんざん聴かされたが、いずれも全く良さが分からない。ただうるさい音にしか響かない。第一、私にはどれがロックでどれがブルースでどれがジャズなのかさえ判らないのだった。けれども熱心に語る黒岩の解説には舌を巻き、その知識には脱帽だった。

そんな黒岩が言うのだ、この尾崎豊というミュージシャンはおそらく、すごいのだろう。そんな気持ちから、「へーすごいな！　お前がそれほど言うんだからなあ」と適当に合わせてその場を辞した。

けれども…

確かに、私は音楽にはそれほど興味を持たない。だが全くそれを理解出来ないというのも悔しい。せめてロックやジャズなどというジャンルくらいは判別出来るようになりたいと思い、いろいろと曲を聴いてみるようになった。ところが、一向に判らないのだった。そんなある日、恥を忍んで黒岩に聞いてみた。


「どういう曲がロックで、どういう曲がジャズなワケ？」


黒岩は言った。

「そんなことを気にする必要なんかない！　音楽のジャンル分けなんかどうでも良いんや。あのな、お前にとって世の中にはたった二つの曲しかない。それはお前にとって「好きな曲」か「嫌いな曲」

かの二種類だけ！　それさえわかってれば、後のことなどどーでもええねん！」

この黒岩の言葉に、ハッとした。

今でもハッキリ覚えている。とても大切なことを教わった気がしたのだ。

そんな黒岩が、前立腺癌に罹患してしまった。

知らせを受けたのは、平成二十六年も押し詰まった年末のことだった。

子供のいない私とは違い、彼には娘が一人いる。だから彼はまだ生きていなければならない！　そう思った。

そこで、ずいぶん久し振りに「風水神事」をやってみようと思い至ったのだ。

前立腺癌故に、メインは北の方・腎に置く。補佐は西の方・肺。彼が滋賀県の病院を選んだため、先ずは西の須磨の白い浜辺で白虎を、続いて滋賀県某市に大移動し、琵琶湖を利用し玄武を出す。決行の日は風雨ともに強い悪天候となったが、黒岩の入退院スケジュールから見てその日しかなかった。

不思議なことに、術をかける時には風雨ともどもピタリと止んだ。終われば、また降って来る。

無事終わって帰宅しようとＪＲの駅近くまで戻ってみて驚いた。何とそこに「リトルドール」という名の店があったからだ。リトルドールと言えば既に拙書にも何回か登場するように、芦屋における我が最大の行きつけのスナックだ。けれどもここはケーキ屋だった。なかなか綺麗な店で、中を覗き込むと喫茶店にもなっている。縁を感じ、コーヒーを飲んだ後で焼き菓子を買って帰ることにした。芦屋のリトルドールに持って行こうと思ったのだ。さしずめ昔の猪にあたるサインが、今回はこの店かな…と思いつつ。

黒岩の手術は上手く行った。彼が報告して来たのだ。良かった！　心から、そう思った。

それから数日後のこと。母への施術のため、朝早く東神戸の六甲山系中腹の団地を訪れて後、モーニングを食べようと駅前の喫茶店に入った。すると、店内にグッとジャズ化された「ワシントン広場の夜は更けて」が流れて来たのだ。この曲は亡くなった親父が好きなデキシーランドの曲だった（今では音楽のジャンルは分かるようになっている）。

陽気だが、どこか哀しいデキシーか…

私が幼い頃、元町に親父の行きつけのトンカツ屋があり、親父は、よく私をそこに連れて行ってくれた。その頃しきりに街中に流れていたのが、この曲だった。デキシーランドの雰囲気が、中心地・三宮に比べて場末感漂う港町・元町に、よく似合っていた。「神戸は良い街だ」、子供心にそう思った。

そしていつの間にか、この曲とトンカツが大好きになった。

「世の中にはな、お前が好きな曲と嫌いな曲の二種類しかない。それさえ分かっていれば良い」

そうだ、その通りだよな黒岩幸一郎。

早く、還って来い！
待っている。

神戸・元町の路地。元町サントスからも近いこの路地に、かつてトンカツ屋がありました。なお、路地の奥は神戸の中華街、南京町です。

第三章　孝《こう》という名の奇跡

一　零式の秘密　―予兆―

二か月ほど前に話は戻る。

〽梅は咲いたか、桜はまだかいな～

「まだまだ寒い日が続くよね」

東須磨の行きつけ「スペースワン」にてコーヒーを飲みながら、ママ（通称、悦ちゃんママ）と話していた。この付近での仕事が終わって、昼下がりのひととき。

「さあ、ボチボチやってみますか」

実は、ママからメールが来ていたのだ。何でも頸椎の椎間板ヘルニヤ由来の神経異常で、腕がしびれるどころか激痛が走り、仕事に差し障りが出て来たとのことで、一丁零式やって欲しいとの依頼だった。

この症状なら既に何人も痛み取りに成功している。いわんや、今回の患者はリトルドールのママと並び大好きなスペースワンのママだ。効かないはずがない、サクッと治してあげよう…と、そう軽く考えていた。

カウンターの椅子席に座って貰い、彼女が痛がる腕と、その原因である首筋に掌をそっと当てた。

「二十分、このままね」

「は〜い」

何て細くて長い首だろう。可哀想に…

そう思いながら、やがて二十分が経った。

「さて、後は明朝辺りお楽しみに！　痛みがとれているはずだから」

そう告げて、スペースワンを出る。


日々の出張行脚に忙しくしていると、直ぐに日は経つ。

そう言えば悦ちゃんママからは何も言って来ないなあ。まあ、次に行った時にでも聞けば良いか…

と思っていた矢先、彼女からメールが来た。


「数日間様子をみてましたが、残念ながら全然痛みが収まりません」


ガーーーーーン!!

な、何だってえ?!

最も効かなアカン人にお前、何やっとんじゃあーーッ！

ショックだった。

零式の成功率は、約六割。効く人にはそれこそ魔法の如しの零式も、効かない人にはアホみたいに全く効かないのだ。

悦ちゃんママが…彼女が〈効かない人〉だとでも言うのかッ?!

そんな…信じたく、ない…この役立たずが!!


それから二週の後に、スペースワンを訪れた。ママに平謝りだ。

「ゴメンねママ、まさか貴女が〈効かない人〉だったなんて思いもよらなかった。本当にゴメンなさい」

少し、ヤケになった。だからビールを一本呑んだ。まだ仕事が残る昼間だというのに。


帰りがけ、ママが言った。

「センセ、効かない人には何回やっても同じやと言うけれど、もう一回だけやってくれへん？　医院から貰う薬飲んでも一向に効かないし、お願い」

「いや…気持ちはわかるけどさ、この技はね、効かないと分かれば…」

いや、せっかく彼女の方から「もう一度」と依頼されているのだ。

やってみよう。

そう思い返して、再度施術することにした。

だけど、実は嫌だった。大事な悦ちゃんママに対して自分の零式がまるで〈役立たず〉であると確定することになるからだ。

だが、仕方なかった。

そして次の日の朝、彼女からのメールに私はド肝を抜かれることになる。

「有り難うセンセ！　痛みが取れたわー！」

え……

二　零式の秘密—予兆その二—

このスペースワンで起こった（私にとっては実に嬉しい）出来事は、今までの零式に関する考えを一変させた。

つまり、効く効かぬは「人による」のではなかったのだ。

だが同時に、かえってその効果に関する考察を複雑にしてしまった側面をも合わせ持つ。

「では一体、効く効かぬの原因はどこにあるのか？」

人によらない以上、これを科学的に分析するのは容易なことではない、いや、ほとんど不可能だ。患者のみならず術者のその時の体調、例えば心拍数や血圧、体温等。まだある。施術場所の環境。気温、気圧等々…

けれども、経験的にこれらの要素は（無視は出来ないだろうが）いずれも決定打にはなり得ないという気持ちもある。だからまず、真剣にデータを取って分析してやろうという気になれない。

そしていろいろと考えている間にも、日々は過ぎてゆく。

ある夜、例の芦屋のリトルドールで呑んでいる時のこと。古くからの常連、通称マーさんと呼ばれる年輩の男性が入って来た（このマーさんには本当に御世話になった。「零式活人術」の第一章「芦屋黙示録」にて登場願った、お母さんの最期に聖水を与えてあげたその息子さんこそ、このマーさんなのだ）。もうかなり呑んでいる様子だったが、そんなマーさんが「センセ、ちょっと肩触ったって」と言って来たのだ。しかしこちらももう、相当呑んでいた。だからどうしようか迷ったが、ええい、なるようになるわい！　と彼の肩や首筋を触っていると、僅か数分でマーさんは「熱いわ〜、何や、エエ気持ちになって眠たなって来たわ〜…」と言い出し、実際二十分の後おあいそを済ませて帰ってしまったのだ。この時、私は自分の母が施術の際によく言っていることを思い出した。

「あんたの手、まるで〈湯たんぽ〉やなあ…」

そして実際、そのまま母は寝てしまうこともある。他の患者も同じことを言う人がほとんどだが不思議なことに、たまに「冷たい」と言う人や「冷たかったが途中で熱くなった」、或いは「その逆だった」と言う人もいる。

ところで、実は眠たくなるのは私も同じで、無口な患者に零式を施しているとウトウトしてしまうことはしょっちゅうある。これにヒントを得て書いた未発表の物語があるのだが、その物語中では「零式」を「夢式」と呼んでいるほどなのだ。

この段階では、まだ解らなかった。

しかしこの後、第三の〈兆候〉を私は得ることになる。それは私にとって大変〈辛い〉事態なのだが、それをある柔道整復師に訴えた時、彼はその素晴らしい分析力で「零式の本質」を見抜いてのけるのだ！

三　零式の秘密―予兆その三―

実は私が使う零式施術には、術者自身（注：患者にではない）に跳ね返って来る副作用が出ることがある。それに気づいたのが、今年（平成二十七年）三月初旬だった。

夕刻頃から、段々と身体のあちこちが痒くなり、遂には痛み出す。そして帰宅し風呂に入ろうと裸になれば、身体の至る所にまるで業捨を受けた痕のような赤いミミズ腫れが現れているのだ。

これを初めて見た時にはさすがに驚いた。零式を発見して一年半くらいの間は、決してこのような事態にはならなかった。だから何故急にこのようなことになるのか、全く解らなかったからだ。そしてその状態で飲酒すると、腫れや痒みや痛みが嘘のように消えて行くのだ。酒を呑みたいための言いわけでは断じてない。

そもそも零式は完全な他力本願であって、自分の力でどうのこうのするわけでは決してない（何度も言うが、だから「零式」と名付けたのだ）。従って自分の掌から自分のエネルギー（気？）が放射されているという感覚は私にはない。ただ掌を患者の患部に軽く当てているだけなのだ。それなのに、最近ではもう昼過ぎ頃から零式を施していると身体が痒くなり始めてしまう。そして夜ベッドに潜り込んでも、飲酒していない限り痒さや痛みで数時間ほど寝られない状態が続くのだ。ところが不思議なことに、深夜のある時刻になるとその症状がスー…と引き、朝目覚めるとあれだけ酷い状態だったミミズ腫れが綺麗に消えているのだった。心配するといけないので嫁には隠していたが、ある日決心して帰宅後自分の身体を見せると、彼女は驚きの声を上げた。「そんなことになっていたの…」と。

拙書『零式活人術』の出版により依頼数がかなり増え、この施術に対する身体のオーバーヒートとしか考えられなかった。何故なら、この副作用が出るようになる前と今とで変わったこととは、零式に対する依頼量だけだったからだ。

「このままでは危ない」、そう思った。

しかし、合点がいかない。

自分の力を一切使わない零式なのに、何故自分にダメージが返ってくるのか。

ところが、その謎は先述した優秀な柔道整復師によって突然明らかにされるのである。

私の副作用だけではない。零式が効果を顕す、そのメカニズムまでも！　それも、非常に分かりやすい説明の下で。

そしてそれは私自身の体質と、深く関わっていたのだ。

四　零式の秘密——富万《ふくまん》——

あれはどれくらい前だったか…東神戸にある自分の最大の行きつけ「富万」にて、私はある男と出会う。

持田千明という、柔道整復師だ。富万からそう遠くない所で「もちだ接骨院」を営む。中年だが私よりずいぶん若く、身体も私より分厚く見るからに頑丈そうだ。しかも、空手では同門である。二段まで行ったそうだ。長く続けているだけの私は現在、段位こそ彼を凌駕するが、戦えば一分以内に倒されるだろう。そんな彼が何故だか拙書も読んでくれて、店で会えば「炭粉先生」と呼んでくれる。

プロレス寿司「富万」で出会い親しくなったみちのくプロレスのグレート・サスケ氏も実に腰の低い好漢だが、この持田千明氏も共通点がある。強い男がへりくだっている時、それは喩えて言えば時速二百キロは出るスポーツカーがワザと低速で徐行しているような独特の迫力がある。

四月のある日の夜、仕事を終えて身体の痒さ痛さにたまりかね、私は富万へと急いだ。一刻も早く酒を呑み、この苦痛から解放されたい。おそらく今ここで服を脱いだなら、きっと凄いことになっているだろうな…そう思いつつ。

暖簾をくぐると、件の持田氏が呑んでいた。

「お、炭粉先生お久し振りです!」

閉店間際に飛び込んだので他の客は既に帰り、マスターとバイトの女の子以外には、店内は我々二人だけだった。

二人でビールをやりながら、私は彼に自分の身体の状態を説明した。

大瓶一本を呑み干し日本酒に切り換えた辺りで、私の症状はいつものように消えていく。

その様子をうかがっていた持田氏が、急にバイトの女の子を呼んで、そして言った。

「炭粉先生と私の掌を触って御覧」

彼女はいぶかしげな表情で我々二人の掌を触る。

「どう？　どっちの掌の方が温かい？」

女の子は言った。

「さあ…どちらも同じくらいですけど…」

その返答を受けて、今度は持田氏が女の子の腕を掌で触った。女の子はキョトンとしている。

「さあ炭粉先生、今私がしたように、今度は炭粉先生がこの子の腕を触ってみて下さい」

何のつもりだろう…とは思ったが、言われる通りにしてみる。ちょうど腕の痛い人に零式を施す時のように。

すると、その女の子は注目すべきことを叫んだ。

「あ！　熱い熱い！　温か〜い！　さっき触った時とまるで違う！」

「ヤッパリな…」

持田氏は、そう呟いた。

五　零式の秘密―持田仮説―

「炭粉先生、一つお聞きしますが、先生は何か毎日特別な稽古を日課にされてますか？」

持田氏が、そう聞いて来た。

「それは例えば腕立てや腹筋等の鍛錬ではなく…という意味で？」

「そうです。もっとこう…普通の人がやらないような種類の」

「強いて言うなら、毎朝の行水かなあ…」

「ヤッパリ！　それですよ先生！」

何故こんなことをやり出したのかハッキリとは思い出せないのだが、とにかく私は十三歳の頃から

（風邪等で発熱していない限り）毎朝必ず行水をする。たとえどれほど寒い冬の朝でも。もう何年やってることになるのだろうか…

しかし、その行水と零式とが一体どう結びつくのか。

私は自分に返ってくる副作用も含め、零式施術において最近起こっていることを全てこの男に話した。

さあ聞こうではないか、持田千明の仮説を。

「零式の正体、それは〈熱〉です！」

よく知られるように、人間の免疫は発熱によって高まる。そして高熱になればなるほど免疫は強化される。インフルエンザ等で高い熱が出るのは、その免疫力を高めるための身体の措置なのだ（この意味で、状況にもよるが発熱時に解熱剤を飲む等の行為は云わば、味方の後ろから弓引く行為だと言える）。ところで先ほどの実験でも判るように、炭粉良三は長年の行水のお陰で瞬時に体温を上げることが出来るようになったのだ。その異様に温かい掌を患者の患部に充てがった時、患者の脳は自分に「熱がある」という勘違いを起こすのだ。するとどうなるか？　おそらく患者の脳は免疫を患部に急行させる指令を出す。この時、患者の体温と炭粉良三の掌の温度の差があればあるほどに、その免疫力は強化されるのだ！

「炭粉先生、これであらかた貴台がおっしゃったことに対して説明がつきます。先ず、貴台は『酒を呑んだ時の方が効く』と言いましたが、それはアルコールによって貴台の体温がより上がったからです。先生は幼い頃に腎臓病を患い、その時に深刻なジンマシン等のアレルギー症状に悩まされたとおっしゃったが、今までは御自分の体力でその症状が出るのを押さえられていた。ところがさすがの先生もお歳です、零式のために掌に気血を集め温度を上げるため、先生の掌以外の所は貧血気味になり体温が低下する。その時にアレルギー症状が出るのです。それが証拠に飲酒して体温を上げてやればその症状が消えて行くではありませんか」

「そうか！　よく考えたら我が家の電気毛布は夜の三時頃にスイッチが切れるようにタイマーが仕掛けてあるが…」

「そう、それで夜中にスイッチが切れた後、布団の中の温度は当然下がって行きます。人間の身体には与えられた環境に対する防御反応があり、身体が冷やされれば体温を上げようとする。ちょうど貴台の行水の時のように」

「だからその時から私の身体中の体温が上がって行き…」

「結果アレルギー症状が収まるのです！　これはいわば、御自分に対して零式を使ったようなものなのです！」

うーーーーん…

なるほど!!

実に分かり易い説明だ。辻褄も合う。

一般に、免疫と言えば身体に侵入して来た病原菌等をやっつけるというイメージだったから、熱が上がれば免疫力も上がることは知っていたものの、骨折等の外科的なものに対してのイメージが湧かなかったが、なるほどなあ…

「先生が診て来て、劇的な効果が見られた患者はそのほとんどが〈低体温〉だったと考えられます。例えば骨折が数日で治ったお婆さんは抗癌剤治療を受けて体力が落ちていたはずだし、癌のために腸閉塞を起こしかけていた先生のお母さんへの施術は大概午前中だったと仰いましたね。人間は午前中十一時くらいまで、体温が上がりません。いわんや老人をや。そして肺高血圧症の雄太君ですが、血液に取り込む酸素量が少ないわけですから、やはり…」

いやや、よく分かった！　素晴らしい！

けれども一つ、質問がある。

持田千明よ、答えてくれ。

もしその仮説が正しいならば、何も患部を温めるのに私の掌を使わなくても良いではないか。それこそカイロでも貼っておけば骨折すら治ると…

「それが、ダメなのです！　掌でないと！」

六　零式の秘密―大いなる啓示―

「人肌でないと駄目なのです！　それも、炭粉先生のようにいきなり体温をマックスに持っていける人でないと」

いいですか炭粉先生、先生はいつもおっしゃってますよね。「合気は無意識下に相手の脳を騙す技」だと。そしてだからこそ先生は合気に治療原理を予感されたはず。

そう、騙すのです相手の脳を無意識下で。
もし仮にカイロ等を使えば、その熱はたとえ温かいものだとしても、「これは別物の熱だ」と脳は認識してしまいます。この意味で、ストーブや温風機等の発する熱も同じです。だからそんな物で温めれば、むしろ脳は防御反応として身体を冷やそうとするでしょう。人肌で温めるからこそ、患者の脳は「あれ？　これは…自分には熱があるのかな？　よし、ならば免疫を現場に急行させよう！」と判断するのです。

「どうです炭粉先生、これは…この論は、貴台の合気仮説を満足させるだけではなく、保江先生の説かれる〈愛魂〉にも抵触しないと思いませんか？」

「アッ……!!!」

「そうです炭粉先生、やはり…〈愛〉なのですよ。我々治療や施術に携わる者にとって必要なものとは」

七　零式の秘密―極限の愛―

この持田という男…私が全く気づかなかったことを…零式のメカニズムは誰でも知っている知識の範囲で、むしろ簡単に説明出来るものだったのだ。

仮説ではあるが、何もかもが当てはまる！

見事だ……

「けれども炭粉先生、私は思う。何故先生が十三の時から行水をする気になったのか。いや、何故我々二人がここに存在しているのか。これらが解明されない限り、真に零式を解いたことにはならない。しかしそれは不可能だ。科学とは、与えられた状況を上手く説明することは出来ても、では何故与えられたものが〈在るのか？〉を説明することは出来ないのかも知れません。与件だから（始めから在るものとして、そのもの自体に関する考察を止めること）という立場で考えるからですが…」

持田氏の話を聞いて驚き納得する私の脳裏に浮かぶ風景があった。

七年前の、あの不思議な夢。

「私が合気を教えてあげよう」そう言って歩み寄って来た、イエス・キリスト。

彼は、何の信仰とてない私に…これをさせたかったのではなかったか。


強く、予感した。

これこそが自分の合気の最終目的地であることを。

富万を辞し彼と別れた後に、しかし依然として違和感もあった。

「とはいえ掌にて万人に触れる時、相手が男だったとしたら…やはり女を触る時のようには行くまい。保江先生は『愛に差はない』などと言うが、俺はどうしてもそんな気にはなれない」


それから一週間も経たぬ内に、予定調和が作動する。


その夜、リトルドールで呑んでいた。

ママさんとサシだった。

そのママが（例によって）言ったのだ。

「中村中《あたる》って人、知ってる？」

何故中村中の話になったのかは省略するが、「いや、全く知らない」と私は答えた。かなり知られた歌もあるとママさん、さわりを歌ってくれたが、やはり分からない、知らない。

え？　歌手なのその人？　と私はトンチンカンだ。

何でも以前NHK紅白歌合戦にも出たことがあるとのこと。紅組で。

「え？　あたるって男の名前だろ？」

いぶかしげな私に、ママはこう告げた。


「今のあなたに参考になるかも知れないよ。一度調べてみたら？」

それから数日後、ネットで検索しその事実を知った私は、まさに驚愕するのだ！


中村中、東京都出身のシンガーソングライター、女優。

現在二十九歳。

性同一性障害。

戸籍上は男性。

ウソだッ‼

どうしてこの人物が男なんだ⁈

こんなことが、あって良いのか⁈

その容姿はあくまで美しく（いや実際、女性でもここまで綺麗な人を私はあまり知らない）、第一、その歌声の素晴らしさ……

珍しく帰宅が早く、共にネットを見ていた嫁も（彼女は中村中の存在は知っていたが）驚きを隠せない。

彼（？）の代表曲に「友達の詩」（作詞作曲・中村中）という曲がある。

聴いてみた。

突然、嫁が号泣し出した。

「そんな！　この歌は知っていたけど、歌詞の意味が…文字通りの意味だったなんて！」

女にだって滅多にいない素晴らしい容姿と声を持ち、心も女。

それなのに、身体は男。

これほどの容姿であれば、周りの男どもは決して彼（？）を放ってはおくまい。言い寄る男どもは一杯いたはずだ。そして女の心を持つ彼（？）は、女として恋もするだろう。男を好きになるだろう。

だが、叶わぬ。

決して叶わぬのだ！

交際を申し込んで拒否されるならまだしも、恋の道程でふられるならまだしも、もう…その始めから、否、始まる前から「駄目」を押し付けられる残酷！


想像してみて欲しい。

彼（？）…、いや、もう彼女と呼ぼう！

彼女は生きている限り、このあまりにも理不尽な監獄の中から決して抜け出せないのだ。

だからどんなに好きになった男がいても、どんなに愛する男が出来ても、決して自分のその気持ちを気づかれてはならない。

自分が男であることはすぐにバレてしまい、けれども自分の気持ちは解っては貰えないのだから。

だからその男とは友達として、でいい。

それでいい。

切々と歌いあげる、そのあまりにも美しい人！

そうだ！　嫁が言うようにこの歌の歌詞の内容は、恋における男女間の機微や駆け引きを歌ったものでは決してなかったのだ！

リトルドールでママが囁くように歌ってくれたが知らなかったその歌を、何回も、何回も聴いた。

横でティッシュ箱を空にする勢いの嫁をしり目に、だが私は泣けない！

泣くには…泣くにはあまりにも…あまりにも悲し過ぎるのだ！

切ないなどというなま易しいレベルではない！

こんな人がいたのか！

こんな人が、いたのか……

どうしてこんなに、崇高に見えるのだろう。

苦しみ抜く一人の人間の姿が、どうして……

零式に対する、心の最後のパラドクス。
それが今、急速に溶解し始めるのを感じる。
そして自分の心の中の〈何か〉が、静かに変わり始めた。

八　零式の秘密―須磨にて―

それから数日後、須磨のスペースワンを訪れた。施術のために最近は昼間に寄っていたので、夜ここで呑むのは久し振りだった。

相変わらず、近所の常連客でカウンター席は満杯だ。腕の痛みが取れた悦ちゃんママが、元気に働いている。

良かった。

だが、効かない患者も依然として多い。

持田仮説が正しければ、効かない場合の原因は患者の患部と私の掌との温度差が充分ではない、ということになる。患者の脳に勘違いを起こさせられていないのだ。

これを避けるには、先ず患者が低体温である午前中に施術することが挙げられるが、かと言って（効きが良くない）患者全員を午前中に診ることは実質上無理だ。

だから、どうしても（私の体力も低下する）午後に施術する場合は、もはや飲酒しかない。それもアルコール依存にならぬ程度に気を配り、出来るだけ強い酒をグッと少量呑む必要があるだろう。

考えられるあらゆることを試して、零式の効果を上げて行かなければならない。

その先に、我が人生最後の悲願が待っているのだから。

インドへ！

インドへ、行かなければならない！

四十年前に迷い込んだあの集落に置いて来てしまった、自分を取り戻しに…

しかし…その前に、やっておかなければならない仕事がひとつ残っている。

母だ。

九　孝という名の奇跡

「さあ！　拓也君、まだまだ脚が意のままにならぬとはいえ、かなり脚の筋肉も反応良くなって来た。今日からは新しいステージに登ろう」

「いよいよ僕に、あの合気上げを…？」

「そうだ！」

いつものように脚の筋肉をマッサージしてほぐし経絡の胃経・腎経を指圧した後に、かつて損傷した胸椎と腰椎に零式十分。さらにその後…

「まだ完全に正座は無理だろうから、跪座（正座から、両踵を上げた座り方）で行こう。俺を〈親の敵《かたき》〉と思って、思い切り押さえつけて来い！」

拓也君は身長百八十三センチ、体重は八十キロを遥かに超える巨体だ。両脚があまり動かない分、私の手首にはそれこそ凄い重みと圧力がかかって来る。

「もっとだ拓也君！　遠慮は要らん！」

「よおしッ！　フ〜〜〜ンッッ…あ、あれ？　あれあれあれ？」

彼の両脚の筋肉が、彼の意に反して作動しかける。そして彼の両腕が、みるみる上がる。
だがまだまだ駄目だ。脚の筋肉が誤作動を起こした脳の無意識下での命令によって完璧に動き出さなければ…

膝から上は、動く。

だが膝から下が、まだ反応しない。

この膝から下の部分が作動し両脚がクレーン状に動き出し彼が立ち上がった時、彼に対する私の仕事は終わる。

もうとっくに拓也君の脳と両脚は繋がっているはず。だから「自分は両脚を動かし得る」と彼の脳に（本人の無意識下で）気づかせさえすれば、やがて拓也君は歩き出す！　すなわち、自力で歩くことが出来るようになるのだ！


岡山から、雄太が返って来た。

「炭粉先生、今回の岡山での治療は大成功でした！　造影剤に対するアレルギーが少し出て心配しましたが、バルーンカテーテルの術式が成功し、肺にかかる圧力はまだ常人の二倍ありますが、心臓の負担もほぼ人並みに下がりました！」

「おお、そうか！　さすがにカテーテルの世界的な医師だなあ！　これで先ずは危険な状態を脱したわけだ」

「ええ。さらに僕の肝臓は血流を戻しても耐えられることが判り、従って肝臓移植の線はなくなりました！」

血管の至る所に血栓が出来る謎解きはまだだが、とりあえず状態が普通人と同じレベルになった雄太は、これで安心して勉強に稽古に打ち込めるようになる。

「七月にもう一度岡山に行き、血栓を取り除く治療を受けます。炭粉先生、もう少しの間、施術をお願いします」

「分かった！　頑張ろうぜ！　奈良の大和拓也君も施術は新ステージに上がれたしね」

「なるほど、冠光寺流合気上げを取り入れるとは…着目点がヤッパリ炭粉先生ですねえ！（笑）」

平成二十七年六月。

風薫る五月は既に過ぎ、代わりその風に水の気配が日に日に増してゆく頃、一つの重大な異変が我々母子を包み始めていた。

「あなたのお母さんは、残念ながら大腸癌でした。第三期です」

一年ほど前、医師がそう私に告げた。

そして母と二人して、その画像を見た。

「よく腸閉塞を起こさなかったものです。御覧なさい、この部分。大腸がまるで糸のように細くなってしまっています」


「零式か…零式がそれを回避させていたのか」

「私も、そう思う」

「しかしさしもの零式を施しても、癌だけはどうしようもなかったのだ。せいぜい今まで腸閉塞を防いでくれていたにすぎない。だが、相手は癌だ。これからどんどん増殖し転移してゆくことだろう」

「私はね、もういい。充分生きた。それにあなたが常に言うように、この歳になっての癌ならばそれはもう老化。そして老化は金輪際止められないし、また止めるべきではない」

「その通りだ。では、どうする?…」


「腸閉塞を回避する手術だけを希望します。癌は、そのままにしておいて下さい。抗癌剤も無用です」

この母の希望を、病院の医師達は受け入れた。

「それも一つの考え方です。癌を放置したままで治癒することは決してないが、しかしお歳を考えれば…な〜に、そう急速に転移することもないでしょう。但し一ヶ月に一度は検診しますから、病院には来て下さい」

昨年の、桜咲く頃の出来事だった。

爾来私は母を週に二度から三度訪れ、手術痕と大腸に由来する経穴（ツボ）に零式を施して来た。

そして異変の予兆は、二回目の検診時に静かに起こる。

内科検診や血液検査の結果が、あまりにも良好だったのだ。そこで医師は母にこう告げた。

「これならもう、検診は三ヶ月に一度で充分でしょう」

そしてそれから三ヶ月後、母が病院を訪ねて検診を受けた頃から、医師の態度が変わって来る。

「良いことではあるが、不思議だ…何故、何故こんなに良好なのだ…」

この段階で遂に医師達は母に、ＣＴによる再検査を促すに至る。

「そんな大層なこと、もうよい…」と言う母に、「受けるだけ受けたら？　半年後だし、どうせ検査だけなんだから」と、私からも勧めた。

かくて、そのＣＴ検査は今年の六月十日に行われる運びとなり、その結果は同月十六日に病院にて担当医から母に直接報告された。

「おめでとうございます。癌が…見当たりません。あなたは、全く異常のない健常者と何ら変わりません。敢えて言うとすれば…これは前からあったものですが、胆石が少々」

活法師となっておよそ二十年。

初めて…初めて〈最大の病〉癌を治め得た、それは瞬間だった。

結果を告げられる一日前、さすがに不安を感じたのだろう、母から「明日どうかな…」とメールが来ていた。

私は、こう返信した。

「癌なんだから、そりゃ良くて現状維持か、まあ増殖して転移してるだろう。しかしいつも言っているように、それは〈老化〉にすぎない。だから心配することなど何もない。そして万一癌が小さくなったか、まさか消えてしまっていたとしたら、それは零式が効いたにすぎない。だからどちらにせよ心配ない」

「そうね…それを聞いて安心した。あなたがずっと言い続けて来たことだものね！」

今、この奇跡の結果を…

十数年前に（明るく、あくまでも明るく）癌死した父をはじめ、今までの私の技術では全く救えなかった全ての癌患者様方の御霊《みたま》に捧げる。

母よ、共に死ぬまで元気に生きよう！

青年・桂川雄太、大和拓也よ、我々母子に続け！

大丈夫！
零式、我にあり。
活人術、我にあり。

こうして我々は生きてゆく。
たくさんの不思議な縁に導かれながら……

「零式活人術Ⅱ」―完―

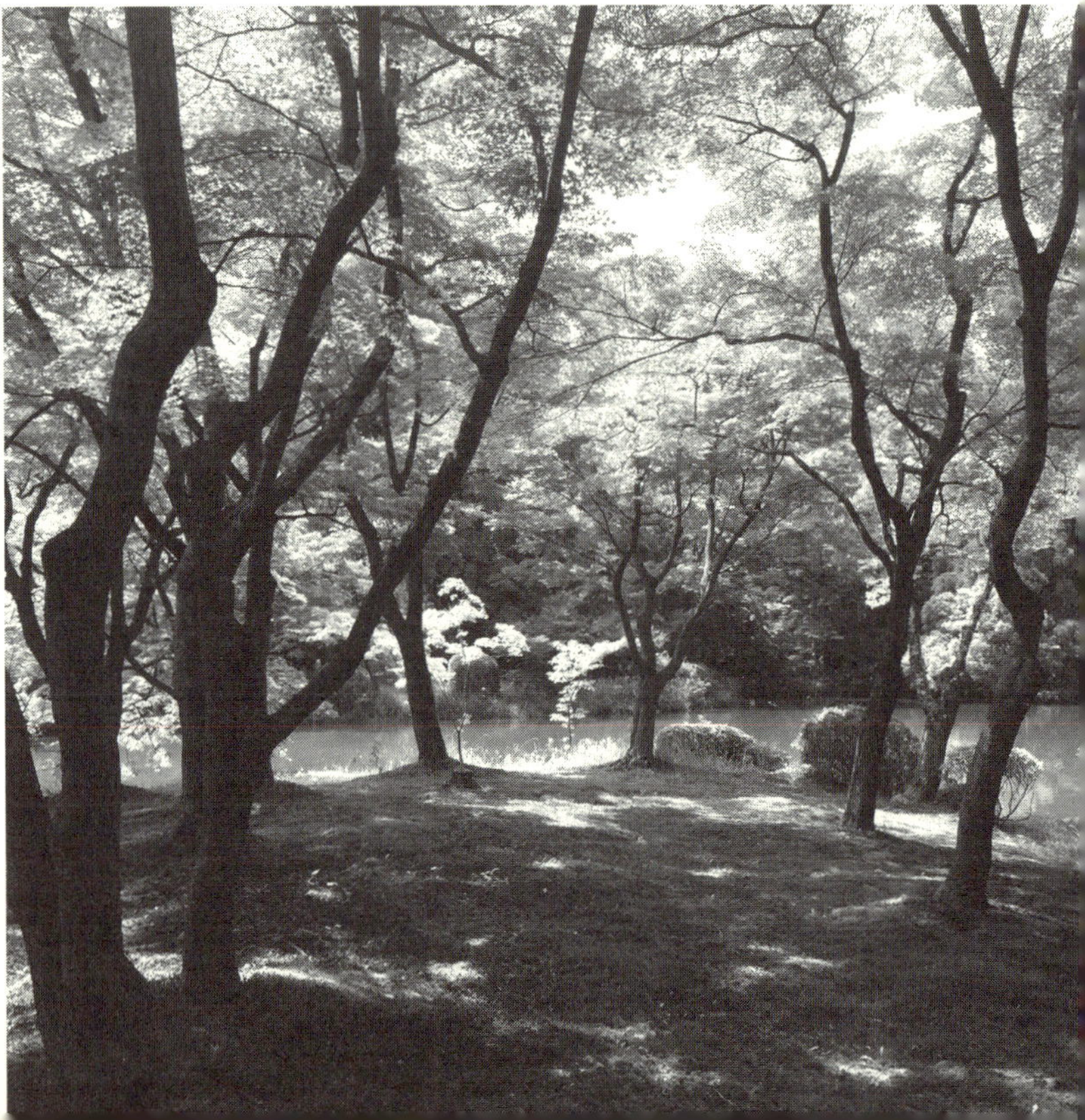

CT検査報告書（診療情報提供書）

患者情報

検査日	：2015.06.10	検査名	：単純
氏名	：[redacted]	部位	：胸腹部
		依頼科／医	：外科　[redacted]
患者ID／性別	：[redacted]　女性	読影医	：[redacted]
生年月日／年齢	：1929.12.03　85歳		

読影依頼

下行結腸癌／術後１年目のチェック.（注）

所見

胸腹部CT；

腹部；前回CT(' 14/4/3)と比較。下行結腸癌術後。吻合部に局所再発（－）。

　肝腫瘤（－）、胆管拡張（－）。腹水（－）。腹部リンパ節腫大（－）。

　胆嚢結石は前回同様です。胆嚢壁肥厚は明らかでない。

　上行結腸に憩室あり。

　膵、腎、骨盤臓器に著変ありません。

胸部：；両側肺尖、中葉・舌区などに索状影、不整濃度上昇など陳旧性炎症が散見されます。

　縦隔に著変なし。胸水（－）。

診断

大腸癌術後；　明らかな再発なし
結腸憩室、胆嚢結石
肺野陳旧性炎症

コメント

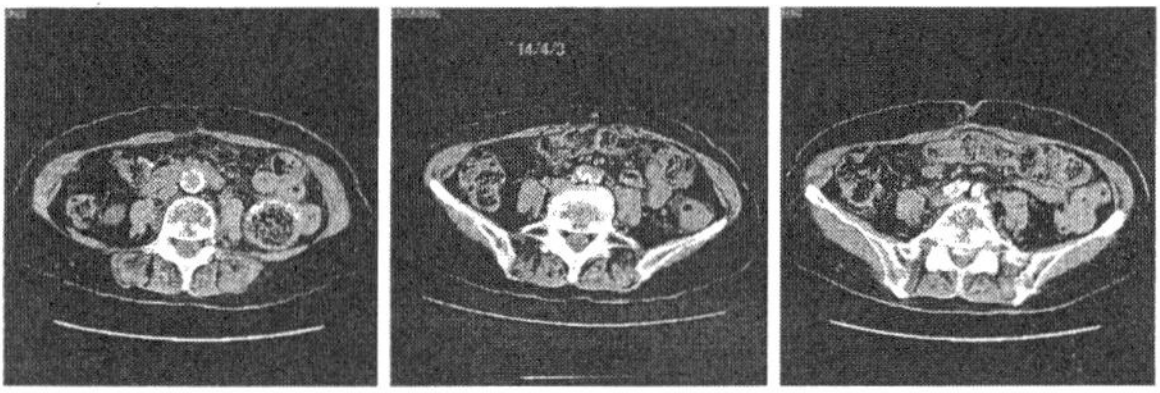

承認日　2015.06.11　　承認医　[redacted]

[redacted]病院　中央放射線部

[redacted]

（注）「術後」とは腸閉塞回避手術を指す。

≪検 査 詳 細 情 報≫

患者ID : [redacted]	採取日時 : 2015/06/16　08:50:48
患者氏名 : [redacted]	オーダ番号 : [redacted]
生年月日 : 1929/12/03	オーダ日 : 2015/03/17
年齢 : 85歳6ヶ月	依頼医 : [redacted]
性別 : 女性	依頼科 : 外科
	依頼病棟 :

No	検査項目	結果	下限値	上限値	ｺﾒﾝﾄ	ｺﾒﾝﾄ2	単位名称
1	総蛋白（ＴＰ）	6.9	6.7	8.3			g/dL
2	総ビリルビン(T-ＢＩＬ)	1.0	0.3	1.2			mg/dL
3	直接ビリルビン(D-ＢＩＬ)	0.1	0.1	0.3			mg/dL
4	ＡＳＴ（ＧＯＴ）	21	8	38			U/L
5	ＡＬＴ（ＧＰＴ）	13	4	44			U/L
6	ＡＬＰ	222	115	359			U/L
7	ＬＤＨ	188	119	229			U/L
8	ＣｈＥ	341	168	470			U/L
9	γ－ＧＴＰ	11	10	47			U/L
10	ＡＭＹ	74	41	112			U/L
11	尿素窒素（ＢＵＮ）	18.5	8	20			mg/dL
12	クレアチニン（ＣＲＥ）	0.69	0.43	0.72			mg/dL
13	ナトリウム（Ｎａ）	143	136	148			mEq/L
14	カリウム（Ｋ）	4.5	3.5	4.8			mEq/L
15	クロール（ＣＬ）	106	98	108			mEq/L
16	カルシウム（Ｃａ）	9.5	8.6	10.1			mg/dL
17	総コレステロール	212	130	219			mg/dL
18	ＣＲＰ	0.01	0	0.3			mg/dL
19	血糖（グルコース）	98	70	109			mg/dL
20	検体血清情報－乳び	(-)					
21	検体血清情報－溶血	(-)					
22	白血球数（ＷＢＣ）	5220	4000	9000			/μL
23	赤血球数（ＲＢＣ）	382	350	490			万/μL
24	ヘモグロビン（ＨＧＢ）	11.7	11	15			g/dL
25	ヘマトクリット（ＨＣＴ）	35.6	34	43			%
26	ＭＣＶ	93.2	89	99			fl
27	ＭＣＨ	30.6	29	35			pg
28	ＭＣＨＣ	32.9	31	36			g/dL
29	血小板数（ＰＬＴ）	19.9	15	35			万/μL
30	ＳＲＣ	0.7					%
31	ＣＥＡ	2.2		5.2以下			ng/mL
32	ＣＡ１９－９	16.2		37.0以下			U/mL

KGEKND01　303096　2015/06/16 10:17

零式とは何か（後書きに代えて）

よく言われます。

「零式の理合とは、メカニズムとは一体どのようなものなのですか」と。

それに対して私の返答は…

「申しわけありません、それが私にもサッパリ解らないのです」

決して隠しているわけではありません。

何せ患部に十～二十分ほど、掌を当てているだけなのです。本当に、ただこれだけ。別に特別なことを考えたり念じたり、呪文（？）を唱えたりするでもなく、さらに言えば本編でも語ったように施術中に寝てしまうことすらあります。患者様の態度もマチマチで、まるで神様のように崇めて（？）

下さる方もいれば、「胡散臭い…」と疑いの心全開で迎えて下さる方まで、もう千差万別です。

けれども零式の効きに、今言ったようなことは全く関係御座いません。

そう、悲しいほどに、関係ないのです。

それでも我々関係者は、少しでも謎解きの努力はしています。その一つが本編でも御紹介した〈持田仮説〉です。零式の行為そのものになにがしかの効果があるとする立場では、非常に良く出来た仮説だと私は思っています。ただ、この持田仮説ではそもそも二年前の九月に零式施術が初めて奇跡的治癒を呼んだ「木曜日の奇跡」を上手く説明出来ません。その時その老女は分厚いギプスに上半身を覆われ、ガッチリと固定されていました。私は彼女からギプスを取り去ることなく、そのままギプスの上から掌を当てたわけですから、その時彼女が私の掌の温もりを感じたとは考え難い。ギプスは温まったでしょうが…ですからあくまで持田仮説でこの現象を説明するためには、そもそも私の掌のそのものに関して分析する必要があると持田氏も言います。例えば電子レンジの理屈のように振動に熱による熱であるとかです。けれども当の私にはあまりピンと来ません。自分が振動している自覚がないからです。もし自分のタイプ、ドンピシャの女性に施術する機会があれば、それこそ緊張のあまり震えるかも知れませんが。

失礼致しました！　冗談です。

さて、しかしです。

実は零式に関し一つ思い当たることが、あるにはあるのです。荒唐無稽なものでお恥ずかしいのですが、それをこれからお話し致します。

突然ですが、絵を描く私は中学三年生まで、本気で漫画家になることを夢見ていました。だから今でも漫画は好きです。そんな私に免じ、しばらく漫画の話にお付き合い下さい。

「宇宙戦艦ヤマト」という作品があります。これは四十年ほども前にアニメ化された作品ですが、二年前にリメイクされ「宇宙戦艦ヤマト2199」として放映・放送されました。我々オールドファンとしてはとても懐かしくこの番組を見ていたのです。

昔にくらべてアニメ技術の向上！　それはもう素晴らしいものがあり、ストーリーも基本的には旧作を踏襲しながらも、随所に今風な作り替えが見られました。中でもヤマトがイスカンダルから持ち帰る放射能除去装置・コスモ・クリーナーが、今回はコスモ・リバースシステムというものに変わっていました。旧作のコスモ・クリーナーは言ってみれば単なる〈掃除機〉なのですが、コスモ・リバースシステムは健全だった頃の人間の記憶を信号化し機械に封じ込め、その記憶を核として、瀕死の人間や地球の記憶とリンクさせた上で時間を逆回転させることで、健全だった頃に戻すという荒唐無稽なシステムです。けれども物語の最終回にこのシステムが作動し人や地球をヤマトが救う場面を見た時、これも漫画チックなことなんですが、私はこう思ったのです。

「そうか！　誰だって健全だった頃の記憶があるはずだ。だからその記憶を利用して病気や怪我を治せば良いのか！」

全く、ムチャクチャな話です。何せ漫画ですから。

けれども最近気になって、少し当時のことを振り返り調べてみて驚いた！

私が肩を骨折した老女に初めて零式施術した日、平成二十五年九月二十六日。

「宇宙戦艦ヤマト2199」最終回放送、同年九月二十九日の夕刻。

老女回復の日、同年九月三十日の朝！

しかも老女はその時、「施術して貰ってから四日間は痛みが取れなかった。五日目の朝に劇的に痛みが取れた」と証言しているのです！

これは偶然でしょうか？

私には解りません。

しかし、確かに最終回を見た時、私はそう思ったのです。

そこで、気功に詳しい東京の整形外科医・小坂正先生に問い合わせてみました。すると先生は「気功の本質は〈遠隔〉気功だと言っても良い。従って、その時の炭粉さんの気というか気持ちがその患者様に伝わった可能性は否定出来ない」と言われたのです。


うーーーーーん…

しかし、偶然とするにはあまりに時間がピッタリと符合します。


さて、このように未だハッキリしない零式ですが、しかしこの一年で判ったことも二つあります。

一つは、零式は「人によって効く効かぬが決する」のではないということ。本編でも描いたように、須磨の喫茶店兼居酒屋「スペースワン」のママさんのケースです。だから効く効かぬの決定条件は他にあるということになります。

そして今一つは…

本人への取材は「私などより、もっともっと苦しい立場から生還して来られた人もいるのだから」と誠に謙虚な理由から断られましたので、ここではサッと簡単にお話しするに留めますが、桂川雄太君の親友が生還率一割と言われる凄まじい難病に罹患してしまった。病名は伏せますが、全身の皮膚がボロボロになってしまう恐ろしい病気です。ところでその雄太君の親友は愛煙家でした。そして彼は思ったそうです。

「もうどうせ助からない。だからせめて生きている間に、大好きな煙草を思う存分吸ってから死にたい」

さすがに医師も「もう、最期の楽しみだから…」と病室での喫煙を許したのです。

それから一ヶ月後、彼は全身が綺麗に蘇生し、奇跡的にその病から完全に生還を果たしたのでした！

お断りしておきますが、私が言いたいのは「喫煙によって難病が治った」などという酔狂なことでは断じてありません。

大切なのは「喫煙によって彼が〈何〉を得たか」です。そしてその〈何か〉によって、彼の免疫のスイッチが完全に入ったのです！

私は雄太君からこの話を聞いた時、零式の秘密もそこにあるのではないか？　と直感しました。これは先に申し上げた仮説のように、零式の行為そのものに効果がある、という立場ではありません。

そして、こうも思いました。

「そこまで破壊された肉体であっても、免疫が完璧に作動しさえすれば、たった一ヶ月で完全に身体を蘇生してのける！　これが真の免疫の威力なんだ…」と。

そう言えば、拙書でも紹介した冠光寺流門下・恒藤さんの経営する会社で指に重傷を負ったものの完璧に蘇生した社員の話も思い出されます。


そう！　人間の力は、我々自身が思っているよりも、遥かに強大なのです恐らく！

素晴らしいことではありませんか皆さん。


零式は、その患者様の免疫スイッチを入れるのでしょう。仮説のように直接的にか、それとも今言ったように間接的にかは、まだ判りませんが。

そして雄太君の親友にとっては、煙草がその役目を果たしたのです。

けれども、いずれにしても、だからこそ恐ろしい病が一ヶ月で治り、骨折が有り得ない速度で治った。

だからこそ、母の癌も消失した。

「それ」でなければ、絶対に治らなかった！
そしてなおかつ、「それ」で治ったわけではおそらくない！

人それぞれが持つ、免疫スイッチを入れてくれる「それ」…

効く時には、それこそ魔法！
しかし効かない時には、屁の突っ張りにすらならない。
現時点での零式の成功率、変わらず六割弱…

謎を背負ったまま、私は今日も向かいます。
二上山誘う国のまほろば、奈良橿原へ。そして御所へ。
大和拓也よ、炭粉良三は君に、君の身体に引き続き問おう。
人が治るとは、どういうことか。
そして我々人間は、一体どれほどの力を有しているのか。

共に喜び合える、その日まで！

平成二十七年七月　七夕の頃

炭粉良三

漫画家を目指していた頃の作品の断片。ネーム（セリフなどが入る部分。活字を入れるため、鉛筆書きで残す）には昭和四十三年神戸——とあります。桟橋に座りスケッチに興じる少年が描かれていますが、どのようなストーリーだったかは失念。いまでは見られなくなったハシケ（大型船を曳航する小型ボート）のヒステリックな独特の汽笛が書き込まれています。

付録　呑みましょう！　皆さん

―活人術行脚の舞台裏―

「アルコールは人類最悪の敵かも知れない。しかし聖書には『敵を愛せよ』と書いてある」

（フランク・シナトラ）

はじめに

仕事で、大阪市営地下鉄御堂筋線に乗っていた時のことです。

隣に座っていた女性が何やらそのまた隣に座っている男性に、質問してはモジモジしているのに気がつきました。

その女性のモジモジ度が、彼女がはいているグレーのタイトスカート越しに、それにピッタリと密着した私の太ももに伝わって来ます。

勘違いしないで下さい、ここは天下の御堂筋線車両内。座席も立ち席もギッシリの人。座席は当然ギュウギュウ詰めなのです。断じて私がワザとそうしているワケではな～い！…コトを、お断りしておきます。

思わず横のその女性の方を見ると、歳の頃は三十代中頃か、白のTシャツの上にスカートと同じグレーの上着を羽織っています。靴は黒のピンヒール。ボブにした髪の毛は染めずに真っ黒、そしてなかなかの美人ではありませんか！　何やら、企画書のような書類が一杯入った鞄を胸に抱いています。

一方の男性は、年は四十代くらいか。髪の毛はモジャモジャでしたが紺のスーツに黒縁メガネをかけているところを見ると、どうやらサラリーマンのようです。恐らく、この女性の上司といったところでしょう。

さて、彼女がさっきから一体何を言っているのか…私は思わず聞き耳を立てます。

「私、本当に昨夜のコトは何一つ覚えていないんですぅ」

「それでいいんじゃない？　思い出さない方がいいよ絶対」

男性の顔が笑っています。

「イヤーン！　意地悪言わないで教えて下さいよお～」

「本当に知りたいの？　教えていいの？」

「ヤダァ！　私、そんなとんでもないコト言ったんですかあ?!」

ここで、女性のその綺麗な顔が青くなります。

「言っただけでなく、行動にも出てたよ。あんな妻子持ちの男のことが好きだったなんて意外だったけどな、ハハハ」

「イッ、イヤヤーーーン!! 私そんなコト言ったんですかあ~?!」

今度は真っ赤な顔になりました。

乗客達が一斉に彼女の方を振り向きました。それでも彼女は見られていることもお構いなしに両手で口元を覆い隠しながら、「恥ずかしい! 恥ずかしいです! 私、もう生きて行けなぁい~…」と、今度は肩をすぼめて小さくなりました。彼女の太ももと私の太ももとの間に、隙間が出来ます。思わず「チェッ!」(おいおい!)。


おお、何というおぞましいシチュエーションだろう!

おおよそ酒呑みとして、これほどイヤな状態はないと断言出来ます。

恐らく彼女は昨夜会社の呑み会か何かで呑み過ぎ、泥酔状態になって言ったりしたりしたことを全く覚えていないのでしょう。次の朝目が覚めて歯を磨いている時とかに、何かの拍子で自分の狼藉振りをポロポロ思い出したり、携帯電話を見て自分がかけた酔っ払い電話や酔っ払いメールの跡を発見して愕然としたり、あるいはこの女性のようにその場に同席していた者から「こんなコトを言ってた、こんなコトをしてた」と告げられる時、私達酒呑みはもう最悪! 襲って来る凄まじいばかりの恥ずかしさと自己嫌悪。「生まれて来なかった方が良かった」とさえ思えるほどに落ち込み、そして、こう強く強く思うのです。

「もう、酒なんか二度と呑むもんかッ!!」

なるほど、酷い二日酔いの時などにも同じ気持ちになります。しかし、この種の後悔の念は、如何なる二日酔いよりも強力なのです。

しかしながら…

その二人組は、本町という駅で降りて行きました。きっと今から得意先を廻るのでしょう。しかし男性側が心なしか得意げなのに対し、女性の後ろ姿が痛々しく見えてなりません。あんな状態で客に企画書を見せて説明出来るのでしょうか。他人事ですが、心配になってしまいます。「観自在菩薩…」心の中で合掌し、彼女の奮闘を祈らずにはおれません。

さて皆さん、しかし彼女のかかる状態は、恐らく三日と保ちません！

大丈夫！　三日目にはまた元気（？）に呑んでいることでしょう。

呑めば、恥ずかしさも自己嫌悪も木っ端微塵に吹っ飛びます。

そして新たな恥を生み出す時がまた来るでしょう（笑）。


人は、どうして酒を呑むのでしょうか？

浮き世のウサを晴らすため？

寂しいから？

うーーーん、そうかも知れません。

だけど、どうやらそれだけではないようです。

中毒になってしまった場合は別ですが、酒には酒それ自体の〈何とも言えない〉魅力があるような気がしてなりません。


一日の仕事が終わって、その後の酒。

良い日であろうが悪い日であろうが、終わった後の、酒。


私も酒呑みです。

零式による施術行脚の後で、たとえどのような奇跡を引き起こそうが（あるいは大空振りをやらかそうが）一日の終わりには必ず酒を呑みます。

終電まで十分あれば、呑もうとします。一応終電に間に合わせる努力は致します。そして終電を逃せば、もうコッチのものです！

帰宅後の嫁さんの鬼のような顔と浴びせられる罵声をさえしのげれば、後は天国です（先の女性のように目覚めてから地獄になる場合も御座いますが…）。


というワケで（どういうワケや！）、いわば「零式活人術」の舞台裏を書いてみたい気持ちになりました。

読者の皆様、どうか笑って暖かく見守ってやって下さい。

そしていつの日か皆様と共に呑める日が来ることを、私は心から楽しみにしています。

平成二十七年梅満開の頃

炭粉良三

「この世に醜女はいない。ウォッカが足りないだけだ」（ロシアの格言）
以下、暴言多謝。（筆者）

その一　東山町界隈

ＪＲ芦屋で下車し、そのまま線路沿いに東に少し行くと、宮川という小川（と言うよりは「溝」か…）に出ます。そこを北に向かって真っ直ぐ行き、阪急電鉄の高架をくぐり抜け、さらに少し進むと、八百屋さんやら薬屋さん、理髪店やら喫茶店やら居酒屋やらスナックやらがひしめくように集まるエリアがあります。

芦屋で言う、東山町界隈です。

仕事を終えて、その界隈で酒を呑むようになって、もう七年ほどになります。元々はこのエリアの近くに仕事場があって、帰りがけにその店々の中の一つ「リトルドール」というスナックに妙に心惹かれて飛び込んだのがキッカケでした。ここの細くて綺麗なママさんや年輩の常連客と過ごす平和な日々が、概ね六年半ほど続きます。


ところが…

ある夜。我が街へ帰る際にいつものように芦屋で途中下車、普段とは異なる道を通ってそこに向かおうとしていた時、思ってもみなかった場所にスナックのような店があることに初めて気づきました。スナックって、大概は外から中を覗き見ることは出来ないようになっています。だからなかなか一見さんでは入り辛いものですが、その店はどういうワケか窓からレースのカーテン越しに店内が見通せるのでした。屋号は店の外壁に「START」とあります。

「へー、こんな所にスナックがあったとは！　ちょっと様子を見てみよう…」

するとレースのカーテン上に、客席に座った髪の長い女性が頬杖をついているシルエットが映し出されておりました。

「ホホー、なかなか絵になるやん…」と、さらに近づいて様子をうかがうと、おや？　カウンター内には誰もいないではありませんか。

「ハハー、客席に座っているのは、さてはここのママさんだな。客が来ないから退屈して、座っているの図か…」

そう思ってその場は振り切り（そんな大層なコトではないが…）、一路リトルドールに向かいます。そこでいつものようにしばらくは呑んでいましたが、どうも気になります。「あそこのママさん、もう誰か客が来たかな…」と、そう心配（?）し出したら、もういけません。「さっきから何ソワソワしてるん?」とリトルのママさんから言われたのをキッカケに、私は御愛想を済ませてその「スタート」なる店に行ってみる決心をしたのです。

「ふーーん、そう言えばそんな店があるね。しかしアナタも相変わらずやねえ」とのママさんの言葉を背中で聞いて、私はその「スタート」に逆戻りして行ったのでした。

店前に到着。念のために中を覗き見ると、まだ客は誰も来ていない模様。「チャ〜ンス!」とばかりにドアを開け踏み込みますと、おお!　髪の長い…あ、あれ??

勝手に、まだ二十代か三十代のママさんだと思い込んでいたのでした。何故って、私の考えでは〈髪が長い＝若い〉という方程式が成り立っていたからです。

「え…?」

「あら、いらっしゃい」

「さ、さいなら」

もう遅い！（笑）

かくて私は、リトルのママさんよりも年輩（かも知れない）この店のママさんにとっ捕まってしまうのでした。しかしカウンター席に座って呑みながら話してみると、実にホンワカと癒やし系のママさんで、少々ビッチ系のリトルのママさんとは真逆。で、客がいないことを良いことに、まるで十年来の常連の如くに振る舞ってママさんと楽しく語らいながら呑んでいると、突然ドアがバッと乱暴に開いた！

見ると、さっきまでリトルドールにいた若手の客ではありませんか。

「え…？　君、何しに来たの?!」

聞けば、先ほどまでリトルでスタートのママさんの（歳は勘違いしたままの）シルエットを熱弁していた私の話に乗せられ、思わず自分も来てしまったらしい。

皆様、男って、こういう生き物です。

さて、リトルドールとスタート、全く違うカラーを持つこの二つの店とママさんのギャップが可笑しくて、私はどちらにも一層あしげく通うようになったのです。それで判ったのですが、リトルドールと同じくスタートにはスタートの年輩の常連客達がちゃんと存在したのです。さすがに芦屋！　両店共に、その常連客達は私など足元にも及ばぬ社会的立場の人達ばかりです（但しママの前では単なる酔漢にすぎなくなるのが可笑しいけれど）。自分より優れた人達と話すのは、とても楽しいものです。そして「そうだったのか！」と勉強になることも多い。それやこれやで私は自分にとっては新しい店・スタートにも、すっかり馴染んでしまったのでした。

そんな楽しかるべき仕事後の酒席に、けれどもある夜、うるさくもけたたましい事件が起きるのです。

それは、物凄い雨の夜。

奈良県御所市に住む脊椎損傷の重傷を負った青年・大和拓也君への施術を終えての帰り道でした。時計を見ると、芦屋に到達した段階でもう夜の十一時近くです。「これは東山町まではムリやな…」と思ったものの、駅から近いスタートなら行けそうです。「十分あれば酒は呑める」が我がポリシー。

下車して迷わず向かいました。すると…例のカーテンにママさんと、客の人影が何と三人分！　雨にもかかわらず素晴らしいことだとドアの取っ手に手をかけようとした、その刹那！

「いや！　今日は止めとこう」との悪い予感が稲妻のように走ったのです。

こういう時の私の予感は、実によく当たるのです。だから事実、取っ手に伸びた手を引っ込め踵を返して駅の方に歩きかけました。しかし次の瞬間、こうも思いました。

「いや待て！　この雨の中せっかくここまで来たんじゃないか。まあビールでも軽く一杯やって帰ればいいじゃないか」

もうダメです（笑）。結局、呑みたいワケです。

気がついたらドアを開けていました。

すると、まだ新米の私にいつもいろいろ話しかけて下さる近野さんという年輩だが若く見える江戸っ子の常連さんが呑んでおられ、その向こう側に何やらけたたましいオバハンが横のオッチャンと大声で話していたのでした。

その騒がしい二人は知らない人達でしたが、近野さんがいてくれたことに安堵し、私は彼と話しながら呑み始めます。ところが…横のオバハンの声がデカすぎて、決して小さい声ではない近野さんの

声が聞こえない！（怒）

「何やねん、このオバハン！」

そうムカついた時、そのコロコロ太ったオバハンがひとしお大きな声で叫びだしたではありませんか！

「苦しい！　しんどい～～!!　吐きそうや…」

ウワアッ！　呑みすぎやねんオバハンッ!!

こんなトコで、止めてくれえ!!　思わず叫ぶ私。

ママさんが心配して背中をさすり出した。

「アカンがな！　そんなコトしたら逆効果やあ！　さするんやなくて、肝臓のツボを押してやるねん！」

「え？　こう？」とママがそのオバハンの背中を押し込む。

「痛い痛い痛い痛いー!!　乳が痛い乳が痛い乳が痛いーーッ！」

見ると、カウンターの角にそのオバハンの巨大な胸が押し付けられているではないか！

「もーーうるさいホンマにこのオバハンッ！」仕方なく、人の気持ちを一瞬で変えることにより苦痛を忘れさせる術をかけました。


「え…？　あれ？…」

「ホラ、もう大丈夫。静かにしてね」


「良かったねえママさん、炭粉先生は活法師だから、ママさんの状態を治して下さったんよ」

スタートのママさんがそのオバハンに、そう言いました。

「いや〜、お見事！　ママさんの気づかない内に…一体どうやって」と近野さん。

「ち、ちょっと待って下さいなお二人さん、このオバハン、どこかのママさんなん？」

「そうですよ先生、リトルドールの近くにある『すすめ』いうスナック、知ってはるでしょ？」

「えッ！　あーー、このオバハンが、あっこのママッ?!」

「すすめ」という店、耳にタコが出来るほどに噂は聞いていました。もう、ハチャメチャなママがやってるハチャメチャな店だと。大声で喋るわ客に物は投げつけるわ店の掃除はせえへんわ…

何でも「すすめ」の常連だという、いつも世話になっている理髪店のオネエさんも「炭粉先生は絶対あの店には行ってはダメです！　ママさんは百パーセント先生の趣味ちゃうし！」と止められてもいました。ただリトルドールのママさんだけは「何でも勉強、一度行ってみたら？」と言ってくれたことがあり、ある時覚悟を決めて前まで行ってはみたものの、店の外まで聞こえて来る常連さん達の盛り上がる声にビビり、結局入らなかったのでした。

気分が良くなった様子の「すすめ」のママさんが叫びます。

「えーー、あのオネエちゃん、そんなコト言うてたのお?!　私にはなあ、『ママが見たら惚れてしまうエエ男がおるから、店行くの止めてる』言うとったのにーー！」

「え？　全然言うコトちゃうやんかあのオネエ！　けどそんな言い方してくれてたのか！　ちょっと嬉しい…」、そう思った次の瞬間でした。このオバハン、いや「すすめ」のママさんの顔色と目の色が、変わったあ！

「あのコが言うてた通り、エエ男やあ〜！」

「く、来るッ！　きっと来る（「リング」かいッ！）！」

私は身構えました。案の定、ママさんはガバアーッ！　とのしかかるようにハグして来ました。

「ウ、ウギャアアアー!!　止めてくれえええー！」

その後彼女は何事もなかったように、連れのオッチャンとラーメンを食べに行ってしまったのでした。

「………」

しばし、私は放心状態。スタートのママさんや近野さんが慰めてくれる言葉も、耳には入りません。

ただ、この時、私はトンでもないコトを思っていたのです！

『すすめ』のママさん、あれはあれでカワイイかも…」


何だってぇ?!

先生、お気を確かに！


いや！　カワイイ！

決して悪くは…ないッ!!


おお、何ということだろう。
一、細い。
二、背が高い。
三、髪の毛長い。
これこそ、女性に関する炭粉良三不動の三原則！

その三原則を…ことごとく破って余りある「すすめ」のママさんを、こともあろうに（汗・汗・汗）。

次の日、いそいそと「すすめ」に向かう私がおりました。何とスタートを、リトルドールを素通り！

ドアを開けると、既に五人の常連客達。

「あ！　昨日の！」

「何や知らんけど、来てしまった…」

いや〜、割烹着が良く似合ってる！

ヤッパ、この人カワイイわ〜！


「座って座って。何する？　ビール？　ウイスキー？」

「ほんならビールを…」

「大きいの？　小さいの？」

「大きいの」


かくて、またしても新たな店が増えてしまいました。

嫁の怒る顔が、目に浮かびます。

しかしビールをグイと呑み干すと、そんなコトなど直ちに忘れてしまうのでした。


東山町の、夜が更けて行きます。

世の中に、醜女はいない。

酒が足りないだけ。

けだし名言！


「蛇に噛まれた時のために、常にウイスキーボトルを持ち歩け。

さらに言うなら、小さい蛇も常に持ち歩け」

（W・C・フィールズ〔アメリカの喜劇王〕）

その二　おさらば、おさらば

酒は、楽しく呑むべきです。

たとえ嫌なコト、辛いコトを忘れたくて呑む場合であっても、酒を呑むことでそれを忘れることに成功すれば、後は楽しく呑むべきです。

けれども時として、そうもいかない場合もあります。

今からお話しするのは、そういった少し哀しい酒の物語。

平成二十年頃。この年は私にとって、芦屋で呑むとはすなわちリトルドールで呑むことを意味していました。そこでこの店にとって常連中の常連、湊さんという（当時）六十代後半の男性と知り合いました。同年六月にこの店に飛び込んでから最初に店内で遭遇したのが、この湊さんでした。今、「リトルドールにとって常連中の常連」と言いましたが、彼は何もこの店だけではなく、東山町界隈の店という店のマスターやママで彼のことを知らない人はいませんでした。すなわち、ほぼ全ての店にとっても常連だったワケです。そのせいか、湊さんは私の前では常にベロンベロンの状態でしたが、やがてそれに慣れてしまうと、たまにシラフで入って来たりしたらかえって凄まじい違和感を感じる始末でした。

「この人は何故、いつもこんな状態になるまで呑むのだろう。もう決して若くはないのに…危ないなあ、あらゆる意味で」と思って見ていたのです。

徐々に、湊さんの素性も判って来ました。詳しくは書きませんが、息子さんを早くに亡くし、奥さんもまた亡くして、大変不幸な人生を送られたクリスチャンだとのこと。そして母親を亡くされてからはずっと一人暮らしだったそうです。けれども彼の酒は決して暗いものではなく、むしろ酔っ払って語るその話は時として大変滑稽で、私はそんな話を聞くのを楽しみにしていたのでした。だからこそ、私もこの店に長く通うことになったのかも知れません。

二つ、忘れられない話があります。

先ずは一つ目。ある年のこと、冬を迎えるにあたり湊さんは新しいセーターを買うことにしたそうです。しかしどうせ買うなら奮発して、暖かいカシミヤのセーターを買うことにしました。けれどもやはりカシミヤは高い！　ヤッパリ普通のセーターにしようか…と思った時、湊さんは異様に安いカシミヤのセーターを発見し驚喜します。あんまり安いのでかえって心配になり、店員に「ホンマにカシミヤやろな?!」と問うと「間違いない」と言います。そこで「もう、これを買うしかない！」と購入、セーターが入っているにしては箱が少し軽かったのが気にはなったが、喜び勇んで持ち帰りました。そして取り出してみたら…何と袖のないベストだったとのこと（笑）。

「だいたいな、これから冬やいう時にな、袖なしベストなんか〈カシミヤもん〉として置いとくなッちゅうねん！」

今一つは、バスの話。湊さんはバスで移動されることが多いらしいのですが、ある時バスが時刻表より早くにバス停に来て、そのまま発車してしまったらしい。それを知らずに湊さんが待てど暮らせどバスが来ない（当たり前です）。で、先に出てしまったことを知った湊さんはカンカンになり、バス会社に電話したそうです。

「だいたいな！　遅れて来るのは交通事情によりまだ許せるが、先に来られて発車されたらワシらどうすればエエねんッ！」（いや、ごもっとも）。

下唇を突き出して語るそのボヤキ方が、まるで往年の漫才師・人生航路さんのボヤキ漫才を聞いているみたいで（実害を被った彼には悪いが）実に滑稽だったのです。

また、ときどきビックリするほどに良い笑顔をなさることがありました。愛くるしいと言うか、とにかくニコニコッと素晴らしい笑顔なのです。

何しろ、いつリトルドールに行ってもカウンター席に座っているのです。

そんな湊さんが、平成二十六年の十月末に突然、帰らぬ人となったのです。

何しろ、急な出来事でした。体調が思わしくないとのことで、某病院へ検査入院されてから一週間もしないうちに、亡くなってしまいました。

肺癌でした。

本当に、最期まで好きな酒を呑んで亡くなったのだから、これはむしろ幸せな亡くなり方だったと私達は思っています。

けれども、この出来事は私に〈不思議な感覚〉を与えました。

あれほどに〈常にいた〉人が、来なくなったのです。

このリトルドールには、細長い木の棒が一本置いてあります。これは何もママさんの護身用の棒ではなく、カウンター内から彼女が電気やストーブのスイッチを入れたり消したりするためのものなのですが、ある時ママさんがその棒にまつわる話をしてくれました。

その棒は、半分だけニスが塗ってあるのですが、「この棒にニスを塗ってあげよう」と言った客が、半分塗り終わった段階で亡くなってしまったのだそうです。

また、ママさんが好きなテレビ番組のＤＶＤを購入した客が、「見終わったらママにあげよう」と言っておきながら、その前に亡くなってしまったこともあったとか。

それらの話を聞きながら、私はこう思ったのです。

「この店は年輩の客が多い。俺も含めてここの客達は、皆カウンターで酒を呑みながら…一人、また一人と消えて行くワケか。ママさんが元気でこの店を続けてゆく限り」

ママさんはもう三十数年間ここで店をしていますから、見送った客は少なからずいるだろう。

いろんな客が、いたことだろうなあ…

若い時には決して考えもしなかった、この不思議な感覚。

それが酒の酔いと混ざり合って化学反応を起こしたのだろうか、私はこの時いまだ未発表の〈ある作品〉の構想を得ました。いや、その作品は実は既に書き上げていましたから、無意識下で先にインスピレーションを得ていたことになります。

ただ、一連のママさんの話や湊さんの死によって、そのことが意識の段階で理解出来たのでした。


とはいえ、やはり淋しいものです。

ママさんにとっては既に何度も経験したことでしょうが、少なくとも私にとっては初体験なのです、常連さんが他界されて来なくなるという事態は。

今でも、不意にリトルドールのドアが開いて、酔っ払いの千鳥足でヒョロヒョロと店の中に入って来そうな気がします。


それを思う時、杯を重ねるに従って、その〈思い〉はかえって深くなってゆきます。

ある疑問と共に。

「あの人は、毎日どんな気持ちで呑んでいたのだろう…」

酒呑みが呑むために必要な、口実の〈蛇〉。それを心のポケットに、いつも忍ばせていたに違いありません。その〈蛇〉とは、彼にとって何だったのでしょうか。

それを語ることもなく、湊さんは逝ってしまいました。

決して悪い酒ではありませんが、こういう酒もあります。

合掌。

あ、クリスチャンか！

「じゃ、おれも暗闇でインド人に襲われて、殴られたうえにむりやり酒を飲まされたってことにしときますよ。」
「あり得ることだ。」
（中島らも「今夜、すべてのバーで」〔講談社〕より抜粋）

その三　富万《ふくまん》

さて、私にとってはアウェイである芦屋でのお話はこれくらいにして、今から我がホームグラウンドのお話をしましょう。

それは、何と言ってもプロレス寿司「富万」です。

もう、二十年近くも前の話になりますが、夏も終わりに近づき秋の気配が忍び寄る、ある日曜日のこと。たまたま私は自分の生まれ故郷である神戸の下町に仕事に来ました。そして自分が幼い頃に通ったキリスト教の教会の前を通りがかり、懐かしくもあり日曜でもあったことからフラリとその教会に立ち寄ったのです。

私はクリスチャンではありませんし、特定の宗教など持ち合わせてもいませんが、何故か教会には縁を感じ、今でも訪れた町に教会を見つけると、ふと立ち寄ることがあります。キリスト教の教会という所は、誰でも礼拝に参加出来ます。信仰の有る無しは問われません。全くの自由です。

昔は本当にボロボロの貧乏教会でしたが、震災後に建て替えたのかずいぶんと立派な建物になっていました。受付で聖書と讃美歌集を借り、チョコナンと礼拝堂の後ろの方の座席に座ります。

やがて日曜礼拝が始まり、牧師先生の説教、献金、讃美歌合唱と進んで行きます。

「そう言えば昔悪戯して怒られた時、よく罰として献金廻りをやらされたなあ…」

遥かな時代への、幸福な郷愁にも似た気分にしばし酔いしれます。

やがて礼拝は終わり、さあ帰ろうとしていた時のことでした。

不意に背後から、怒声に似た強い調子の声が聞こえて来たのです。

「アンタ！　見慣れん顔やな！　誰や？　クリスチャンなんかッ?!」

ビックリして振り返ると、そこには私より少し歳下らしい中年女性が仁王立ちして私の方を睨み付けているではありませんか！　両肩に力を入れ、怒り立たせています。いつ殴りかかって来てもおかしくない臨戦態勢！　もしこれが「スタートレック」などのSFモノなら、警報がうるさく鳴る中を「船長！　敵は武器を装填していますッ！」とミスター・加藤が叫ぶところです。

思わず、その女性の顔を見ました。

なかなかの美人！　だがその眉と目はつり上がっています。何故か歯はギザギザの牙に見えました。

そして思いました。

「まるで狼みたいなオバハンや…」

それが私と、後に私の生涯の行き着けとなる「富万」とを結び付ける役目を負うことになる、村上直子との第一次接近遭遇だったのです。

その狼女が、遂にツカツカと私の前に早足でやって来たかと思うと、目の前にグイッと自分の名刺を見せつけました（と言うより、突きつけました）。それで私は彼女の名前を知ったわけですが、そんな名刺の貰い方など経験がなかった私は、内心ムカッと来ました。せっかくさっきまでノスタルジーに耽っていたのに、ぶっ壊しです。

「私は炭粉良三という者ですが、クリスチャンかってアナタね！　教会という所はね…」

「アンタ、何しに来たんッ?!」

ムカーーッ（怒）

もうエエわ！

こんなワケ分からんオバハンと関わり合いになるよか、早よ帰ろ！

私は彼女を無視して出口に向かおうとしました。

すると、「ちょっと待ちいな！　アンタ、もう帰るの？　今から皆でお茶にすんねんけど、一緒に飲んでいかへん?!」

何と、誘って来たのです。もう、ますますワケがわかりません。

しかしながら…

そのまま帰ってしまおうとすれば、それこそ首の急所に噛みつかれそうな恐怖感も手伝ってか、結局私はその茶話会に引きずり込まれるのでした。

それからというもの、私の意に反してこの村上直子さんとの付き合いは長く続きます。

息子と娘がいるのに旦那と大喧嘩し離婚していたのですが、私の活法（旧式時代）に興味があると言っては自分も習いに来るわ、にもかかわらず問題を起こして辞めさせられるわ、挙げ句に教会も辞めてしまうわ…自分も他人のことは決して言えませんが、これほど気が強くて直情型の女性を私はついぞ今まで知り得ません。

しかし、そんな彼女が時折見せる〈寂しがり屋〉の一面には、ずいぶんホッとさせられたことでした。一度など、自転車で六甲アイランドという東神戸の人工島まで強引に引っ張って行かれ（途中で件の教会の前を通過するのですが、「フンッ！　こんな所にはアタシの居場所なんかあらへんのんじゃ！」と外から毒づくことを忘れません）、着いてみると目の前に海が迫り、なかなか素敵な公園があって驚いたものです。季節は忘れましたが、夕日が綺麗だったことを覚えています。

今にして思えば、この公園の東端に一度拙書で紹介した美しいカフェレストラン兼バー「feel」があるのですが、「リョウさん、飲も！」と自販機で缶コーヒーを買うタイプです。こんな女性と付き合っていれば、そんな店には御縁も発生しようがありません（苦笑）。しかしながら、海の際に自転車を停め缶コーヒー飲みながら思い詰めたように沖を見つめて（と言うよりも睨み付けて）いる彼女の立ち姿を横から眺めていると、これが実に絵になるのでした。

「リョウさん、アタシの苗字、村上やろ。実は実家は愛媛やねん」
「えッ！　ということは、まさか村上水軍…」
「そう！　アタシの御先祖は水軍やってん」

道理で……
いや、ホンマに道理で!!

今まで海を睨み付けていた村上直子さん、何を思ったか急に私の方を見て、そして叫んだ。

「そや！　リョウさん、空手使いやんな！　ほんならプロレス好きやろッ！　あんな、バリおもろい（注：「とてもおもしろい」という意味）店あんねん！　寿司屋やねんけど、そこ行こ！」

え…い、今から？

缶コーヒー飲んでるのに？

そう思って本気かどうか確かめようとした時すでに、彼女は自転車にまたがり全速力で北に向かって漕ぎ出したのでした。


ＪＲ住吉駅界隈。

ここには多くの呑み屋さんがひしめいています。

居酒屋に立ち呑み、細い路地にはスナック、そして寿司屋が軒を連ねています。

その頃まだ外で呑む習慣がなかった私は、圧倒されました。「なるほど、こんな世界もあるのか…」と。何しろ、寸暇を惜しんで家の中でも外でも鍛練や稽古を重ねていた時代だったのですから。


「リョウさん、こっちこっち！」

やがて村上水軍、もとい村上直子さんが自転車をガシャンと止め、建物の角の寿司屋に私を誘いました。


―燃える闘魂、プロレス寿司―「富万」と看板にあります。

「な、なんじゃ～、この店…」

「エエから入ろ！」

ガラリと扉を開けば、「いらっしゃーい！」「いらっしゃいませー！」とマスター、女性従業員の声。

その時です、客が村上さんだと判った瞬間その二人の表情に驚きの色が差したのを、私は見逃しませんでした。


「ああ～、あの時のぉ…」

「今日はお客さん連れて来てん！　そやからエエやろ？」

「はあ、まあ、そりゃエエに決まってますけど。どうぞどうぞ！」

なかなかに盛況。それに店内に所狭しと張られたプロレスラーのサイン入りポスターや写真、芸能人達の色紙…

「リョウさん、この店のマスターはね、プロレスに精通したはんねん！　ほんでプロレスラーはもとより芸能人もやって来る、知る人ぞ知る店やねんで！」

「うーーーん、なるほど。こんな店が東神戸にあったとは…」

「さー食べよ！　呑も！　リョウさん、何からいく？」

「ち、ちょい待ち！　寿司やで！　お金が…」

「もーーケチ臭いコト言わんといてーな！　何とかなるわいな！」

「な、何とかかッてアンタ…」

「マスター、アタシ、トロとシャコな！　ほんで日本酒面倒臭いから二合徳利で頂戴！」

「はーい！　そちらの兄さんは？」

「ビ…ビールと、納豆巻き（汗）」


これが私と富万との、最初の出会いでした。

それからというもの、私は何故かこの店やマスター、それに女性従業員の通称・絹ちゃんが大いに気に入り、仕事帰りにフラリと立ち寄るようになりました。常連さん達とも仲良くして頂けたのです。思えばこれが、外で呑むことの始まりだったと思います。

ここのマスターが何故プロレスに精通しているのかについては拙書『合気真伝』にも書きましたが、日本における覆面レスラー第一号・タイガーマスクが試合において覆面を剥ぎ取られた時、タイガーの大ファンであった若き日のマスターが、たまたま自作していた覆面持参で試合を見に来ており、その覆面をリングに投げ込むことでタイガーを救ったというプロレス界でもいまだに語り草の出来事。今でも時々テレビで特集されるこの物語の当事者が経営する店なのです、それこそ全国からプロレスラー達も寿司を食べにやって来るというものです。プロレスのみならず格闘技界のことも詳しく、そんなマスターが握ってくれる寿司をアテに呑む酒は、私にとってまさに甘露の味がしたのでした。

そのマスターが語るには、あの村上直子さん、実はまだ離婚前にある夜旦那と大喧嘩をしたらしく、何と寝まき姿のまま店にいきなり現れ、「酒ッ！」と叫んでガンガン呑んだらしい。そしてそれが彼女のこの店デビューだったと言うから驚きです。道理で初めて彼女と店に入った時、マスターらの顔に驚きの表情が見て取れたはずです。

その村上直子さんも、その後「気に入った男を見つけた」と連絡が来て以来パタッと姿を見せなくなり、しばらくしてその男性を連れて瀬戸内海の小島に一年ばかり住んだ後（さすが水軍！）、故郷の愛媛に移り住んだと風の便りで聞きました。

こうして彼女が去った後も、私は富万に通い続けたのでした。

ところで、そんなある日のこと。

実は私には、今は東京在住の幼馴染みの拳友がいます。この男とは幼稚園から小学校まで同じ同級生で、東大の学者でありながら空手・柔道の有段者であり〈闘う学者〉として有名なのですが、そんな彼が富万に呑みに来たことがあります。ちょうどその頃、流派は違うがフルコン空手の有段者である若い男が一人、客としてよく富万に来ていました。お互いに事情を知って親しくなり、よく一緒に呑んだのですが、この男の奥さんというのが、また何とも物凄い美人！　で、たまたま夫婦揃って来店していた時に我が拳友が来たものだから、さあ大変。私とその拳友とはお互いに美人妻に良く思われようと酔っ払って座敷に移動するや、彼女の眼前で俄然ローキック合戦！

バシイッ！

「効いてないよ、そんなヘナチョコキック！」

「何をッ！」

ドカアッ！

「アカ～ン！　ええか、ローはこう蹴るんじゃあ！」

バシーン！

「何だその蹴り。呆れるなあ」

「何だとお！」

目が点になり呆れて見ている美人妻の目の前で、もはや彼女に受けようとの気持ちも忘れてお互い「コンチクショー！」とばかりにバシーン！　ドカッ！　バキイッ！

決してオーバーではなく、店全体が振動していました。そこへ…

「もーー、あなた方、エエ加減にして下さいッ!!　他のお客さんに御迷惑ですッ!!　そんなアホなコトは、店の外でやって下さいなッ!!」

絹ちゃん、真っ赤な顔で我々二人を睨み付け、仁王立ちにて一喝！

我々二人、シュ－－－ン…（汗）。

その後、東京に帰った彼は良いが…私は富万出入り禁止の謹慎六ヶ月（汗・汗）。

いや〜〜、マスター、絹ちゃん、あの時は本当に申しわけありませんでしたあ！

さて、そんなこんなで富万通って早二十年近くになりました。

最近の富万は昔とスタイルが変わり、場所は一緒なんですが、月曜から金曜までは「きしもと」という居酒屋となり、土曜の夜だけ「富万」として寿司を握ります。

思えば…

この店から、全てが始まりました。

私が保江邦夫先生の『合気開眼』を読んで疑問を抱き、先生に「是非会って欲しい」と自分のメールアドレスと共に手紙を書いて送った七年前、先生から「会いましょう」と私の携帯にメールが来たのも、嫁と一緒に富万で寿司を食べている最中でした。

村上直子さんとの不思議な縁から始まった、我が酒呑み人生。その頃には奇跡の合気も零式も、まだまだ五里霧中の遠い〈未来〉でした。だがそれはこれから先、出張施術に関西一円を廻れば廻るほどに広がりを見せる酒場と仲間達と共に過ごす時間から生まれたと言っても、決して過言ではありません。

神戸は二宮のラーメン屋・天一軒、ここで私はボクサー・坪井将誉と知り合いました。彼との他流試合は我が武道人生においても思い出深いものとなり、後に彼はラーメン屋を大成功させせます。そして二宮と言えば富万の云わば二号店だった「串でいっぱい」があります。残念ながら今この店はありませんが、ここでやはり後に三宮の人気店となる焼鳥屋「くらうど」のマスターやママ達と出会うのです。

大阪は阿倍野区昭和町の「十両」、ここは非接触合気の壮大なる実験の舞台と言って良いでしょう。『合気解明』の「昭和町ドリーム」に描いた通りの、夢のような出来事が本当に起こったのでした。

さらに、芦屋。「リトルドール」では物書きになるキッカケをママから与えられ、これまで拙書でも紹介して来ましたように、南創一郎先生との邂逅をはじめ渡邉ママや常連達と共に様々な物語を紡ぎ出しながらも残念ながら閉店した「きまぐれ」。そして新しいところではスナック「スタート」に「すすめ」。おっと、その前にカジュアルバー「ナナ」。最近某立ち呑み屋から独立した巨乳系（失礼！）ママがやっている駅近くの店ですが、考古学に命をかける独身の藤川先生や彼のガールフレンドで謎のオバチャン・通称チャチャさん、さらには離婚後子供達を男手一本で育てながら介護関係の会社を興し、この店の大常連になった（もっとも最近は何故か怪しいらしいが…）吉岡政人君はじめ数々の個性派

南芦屋浜にあった「きまぐれ」は、本当に良い居酒屋でした。ここで数々の物語が生まれましたが、残念ながら平成二十六年十月、南芦屋浜の再開発に伴い、惜しまれながら閉店しました。

常連客が酒を楽しんでいます。金曜日ともなれば客がいっぱい押しよせ、長身・ロングヘアでスタイル抜群のアカネちゃんが手伝いに入り、ママと良いコンビです。ちょっと呑み足りない時に最適！

さらに母が住む団地がある六甲中腹標高およそ二百メートルの位置に最近出来た居酒屋「とんぼ」。齢七十の爺さんマスターが頑張って経営しています。神戸大学女子寮が近くにあるので、かわいい女子大生の常連・ちはるちゃんが酎ハイを傾ける姿を拝めます。有り難や（笑）。加えて、店を出て少し歩くと眼下には美しい一千万ドルの夜景が広がります。

昨年初めに残念ながら急に閉店した、六甲道の居酒屋「竹馬」も忘れられません。何でも鞄から取り出して皆にプレゼントしてくれる金沢さんやパーカーのフードを被らせればネズミ男ソックリになる美容師の泉君、強面で酔えば口も悪いが本当は優しい林さんと肝っ玉系だがまるで奇跡のように綺麗な目を持つ彼の奥さん。彼ら元「竹馬」の常連達とは、店がなくなった今でも時折他店に集まっては昔のように仲良く呑みます。

そうそう、東須磨の「スペースワン」を忘れてはいけません！　ここには私が大好きな通称・悦ちゃんママが、近所の常連達といつも楽しく呑んでいます。

酒は、良いものです。

もちろん、度を越したらダメですが。

何しろ、百薬の長なのです。そして心の潤滑剤。

さあ！　今日も仕事が終わりました。

今宵はどこに行くのやら…

最後までお読み下さり、有り難うございました。

お疲れ様でした！　さあ、呑みましょう！

それでは最後に…一度拙書でも御紹介した佐賀県のある男の名言で、この物語を〆ることに致しましょう。

「男が酒ば呑まんとコーヒーば飲んで、何を語るかぁ！」

（松尾裕〔佐賀在住。我々夫婦の仲人にして、尊敬すべき大酒呑み。なお、彼の長女は女優の松尾玲子である〕）

呑みましょう！　皆さん　―完―

後書きに代えて

「カトリック世界においてエクソシスト（悪魔払い）を行う場合は、真面目に修行を続ける潔癖・実直な僧侶を使うことはない。何故なら、そのような僧侶は狡猾なる悪魔に負けてしまうからだ。呑む・打つ・買うを専らとする破戒僧でなければ、とても悪魔に勝つことなど出来ない。だからそのような破戒僧を破門にすることもなく、わざわざカトリック界は養っている。エクソシストに派遣するためである」

私はこの話を保江邦夫先生から直接聞いたことがあります。

今まで、関西一円を廻る施術行脚の後で展開される、言わば私の行動の裏舞台を書いて来ましたが、これを書こうと考えた理由は、最近こんな意見を聞いたからです。

「保江邦夫はふざけている。武術に関してしっかりとした修行期間もなく、いわんや人助けにしたって偉そうに精神論を説くような立場ではないはずだ。そのようなことはもっと長らくの間真面目に修行した者にしか許されないのだ」

その通りかも知れません。

お断りしておきますが、保江先生と私の間に現在、師弟関係はありません。従って、何も私は保江先生を擁護する気持ちは微塵もありません。

但し、上記したカトリック界での慣例を私は理屈抜きに理解出来ます。


先ず、述べておきたいことがあります。

突然ですが例えば皆さん、「音楽」って何なのでしょうか？

真面目に修行（練習）されて来た方々にとっては、それこそ様々な意見が出て来ることでしょう。

その意見はやがて「音楽はこうある〈べき〉」との主義主張となり、意を同じくする者達が集まれば「派」になります。そうなれば、「派」の違いすなわち意見の対立を生み、しばしば違う「派」同士の言い争いともなりましょう。けれどもここで押さえておきたいのは、たとえ違う派同士の喧嘩になっても、それぞれの派に共通な点が一つあることです。

それは「音楽に対する真摯さ」です。

実は私も八年前までは「空手はこうあるべきだ。稽古は、修行はこうあるべきだ」との見解を強く持っていました。

そんな私が、武道に対して主義主張もない保江邦夫という男にいとも簡単に投げ飛ばされたのです。

何を言いたいのかと言えば、主義主張とは関係ないところで本当に大切なモノがシンプルに用意されていることもある、ということです。

考えてみれば、音楽でも絵画でも文学でも、それを評するのは世間つまり一般の方々なのです。私は音楽には詳しくなく、昔何がジャズで何がロックなのか判らない頃がありました。そして音楽に明るい本編にも登場する親友・黒岩幸一郎に尋ねたことがありました。すると彼は極めて明快に教えてくれたのです。

「そんなこと気にするな。この世には『君の好きな音楽』と『嫌いな音楽』しかない。それさえ判っていたら、後のことなどどうでも良い」

作品が売れず、ために「所詮私の作品が解るやつなんて、世の中にはいないのだ！」と主張することの不毛さは、少し考えれば誰だって分かることだと思います。

けれども、だからと言って野放図に不真面目に生きて良いということにはならないことも、当たり前です。

つまり、人生には「これが絶対に正しいという正解」などない、ということになります。

少なくとも私は、だから保江先生との勝負の後しばらく経ってから、自分が持っていた空手や武道の、いや人生そのものに対しても「〜あるべき」という気持ちを捨ててしまいました。そして「どう力んでも自分の人生など大したことではない」との考えから、外で酒を呑むことも、酔っ払って恥をかくことも、もうどっちでもよくなってしまいました。「自分はいつ死んでもおかしくない」状況になった時、さらにその考えは強まったのです。

決して自暴自棄ではありません。

ですが一種の達観かも知れません。

そして一つ言えることは、そんな時にまさに零式を発見したという事実です。

音楽にしても絵画にしても書物にしても、好き嫌いさえ分かれば良い。また、好きな作品の作者の人となりや主義主張なんか、どっちでも良いという立場は、例えば武道の試合なら（いくら口で強がったり主義主張が素晴らしかったりしても）勝てなければ意味がないこと、さらに活法を施し人助けをする場合には治らなければ意味がないことに似ています。前にも書いたと思いますが、怪我や病気が治れば、術者の方法論や主義主張など、どっちでも良いのです。

この意味において、零式は本当に誰にでも（「出来るはず」とは言いませんが…）出来るかどうか試す資格があります。何しろ、掌を患部に二十分あてがうだけなのですから。事実、私の知る治療家の方々で零式を試され、成功するケースが徐々に報告されて来ています。

特別な修行と主義主張があろうがなかろうが、成功する時は成功するし失敗する時は失敗する。奇跡は、たかが人間の至り得る境地を待たずに起こり得ることを知ることこそが、自分の人生哲学にとって素晴らしい発見となったのです。想像するに、おそらく保江先生も同じ考えに至られたのではないか…

だから、私は今夜も呑みます。魅力的なママやマスター、それに常連客がいる店にて。酔っ払って呂律が回らないようになり恥をかき、電車から降りそびれてどこかの駅付近で野宿の憂き目に遭おうとも（但し人様に迷惑をかけては駄目です。難しいが…）、零式さえ効いてくれれば、それで良いのですから。

けれども、もし…
酒を止めることで零式の効きが飛躍的にアップするのだとしたら、その時にはピタリと止めます。

誰か、教えてくれないかなあ……
「長い言いわけやったな」(嫁)

続・坪井将誉伝

闘うことで、孤独を乗り越えようとする男、坪井将誉。
彼が闘いのはてに見出したものとは…
癌から生還した炭粉良三の母が持つボクシングの美しい記憶の中にそれを問う、根性の男の後日談！

プロローグ

（以下敬称略）

昭和二十九年、秋。

西宮市上ケ原。

六甲山系最東端に位置する通称「かぶと山」を背景に、白亜の校舎と緑の校庭が堂々たる姿見せる、関西私学の雄・関西学院大学。

「新月祭」と呼ばれる、その学園祭の人集りの中、私の祖父と、その長女である母の姿があった。

祖父は英文学者だった。そして長らくの間、関西学院大学で教鞭を取っていたのだ。

親子で新月祭巡りをしている最中、ひときわ賑やかな場所を見つけ出す。ちょうどシンボル・時計台の真下に、人が集まって歓声を上げていた。

後ろからは、見えない。祖父は持っていた蝙蝠傘で、前の学生の肩を軽く叩く。振り向いた学生は、

「あ！　先生でしたか！　失礼致しました」と座ってくれた。

ボクシング部のデモンストレーションだった。

祖父はスポーツが好きで、あらゆるスポーツをよく見た。

だが、母にとっては、それは初めて目にする光景だった。

「これが、ボクシングというものなのか……！」

平成二十七年七月、場所は神戸市中央区の貿易センタービル横・サンボーホール二階。

怒声にも似た異様な大歓声に包まれながら、二人の男がリング上で殴り合っている。

「ツボーーッ！　休むなあ！　打て打てッ！　打ち続けろおおおッ！」

「イケるでツボちゃんッ！　勝っとう勝っとう（「勝っている」という意）！　イケイケイケーーーッ!!」

カンカンカン！

ゴングだ坪井ッ！
レフェリーが、殴り合う二人の間を割って入る！
やった！
ファイナルラウンドの判定まで持ち込んだぞッ！

さあ判定はッ?!

判定は、どっちなんだあ?!!

相手コーナーを睨みつける坪井とそのセコンド陣

前回のあらすじ

神戸の人気プロボクサー・坪井将誉《まさたか》は、阪神大震災の数年後に神戸の場末のラーメン屋で空手家・炭粉良三と出会う。やがてそのラーメン屋の大将の画策で二人は戦うことになった。空手ルールでは炭粉が、ボクシングルールでは坪井がそれぞれ勝利するが、それ以降二人は友人となる。

やがて長年頭部にダメージを受け続けて来た坪井はパンチドランカーの兆候をきたし引退するが、その後の紆余曲折も持ち前の根性で突破し、遂に神戸にラーメン屋「つぼ」をオープン、大成功させる。結婚しかわいい娘も生まれ、やっと幸せを掴んだ坪井だったが……

一

「俺、キックボクシングやってみたいと思とん（「思っている」という意）ですわ」

いつの頃からか、坪井はそう言うようになった。

パンチドランカーとなり、仕方なくプロボクシングは引退した。しかしどうやら彼の頭の中には、「引退」という文字はなかったらしい。

神戸三宮のチキンジョージで行われた坪井の引退試合には、我が嫁と地元の親友・波多野佳孝、それに東京の拳友・松原隆一郎の四人で応援に駆けつけた。

その試合に、坪井は負けた。だが坪井にしてみれば、これが「引退試合」だとの認識はなかったと言う。坪井の状態を心配した会長や周りの関係者から強く勧められ、仕方なく引退することを決めたと言うのだ。

だが、試合を見た我々は一同に思った。

「もう坪井は身体が動いていない。これで引退するしかない」

そう、ことはもう、ドランカー症状云々などではない。

残念だが、プロスポーツ選手として限界が来たのだ坪井よ。

引退は、止むを得ない。

この時、坪井将誉二十七歳。

二

「俺はまだランカーにもなっていない。止めるということは、ランカーになれる可能性がゼロになるということだ。だが止めない限り、可能性は絶対ゼロにはならない！」

その頃の、坪井の口癖だ。その坪井が半強制的にプロボクシングの世界から引き離された時、だから彼の日常は荒れた。

今まではボクシングを続けるためのバイトで良かったが、これからは生活して行くための〈仕事〉になる。だがボクシング以外何も持たない坪井を受け入れてくれる就職先はほとんどなく、あったとしても不安定な会社しかなかった。またそんな会社の人的環境に坪井が我慢出来るはずもなく、勢いケンカになる。元プロボクサーの坪井が腕をふるえばたちまち傷害事件になった。

また、酒も荒れた。

しかし時として、坪井はフラリと道場に現れた。

そして我々の稽古を、じっと見つめていた。

ちょうどそんな頃だったろうか、「キックボクシングをやってみたい…」と、ポロリと口に出したのは。

今流行りの武術オタクや勘違い野郎の類いが言ったのなら、こちらも「ケガをする前に止めておけ！」と言うところだが、四角いジャングルであるプロのリングで生きて来た坪井が言うのだ。「なるほど、まだ闘魂がくすぶっているな。なら、それも良いさ…」と（口には出さなかったが）そうかすかに思いながら聞き流した。

だが、やがて坪井の心はラーメン屋を作ることに向けられ、彼は持ち前の根性でその目標に集中し出す。

「坪井の闘魂が格闘技からラーメン作りに向かったのだ。それはそれで良い」そう思った。

そして事実、坪井はその目標を見事に達成した。

「ラーメン・つぼ」は流行った。

坪井にまさか料理のセンスがあったとは！　拳友松原も私もその旨さに驚いた。

嫁だけが、笑って言った。

「だからツボちゃんなら大丈夫って言ってたでしょ！　正味の殴り合いをやって来たツボちゃんや、根性は一級品。男はその根性さえあれば何でも出来る！　逆にそれがなかったら何してもアカンねん！」

〈明日はどっちだ?!〉この寺山修司の名言に、坪井将誉は勝利したのだ。

嫁は、そう言った。

「だって私、こう見えても寺山修司の大ファンやからね！」

（注：歌人であり作家でもある寺山修司が、高森朝雄原作・ちばてつや作画による名作「あしたのジョー」の大ファンであることは有名。「明日はどっちだ」との名セリフは、彼がアニメ版「あしたのジョー」の主題歌を作詞した際、その中にヒラカナ表記にて使われている）

三

「〈明日はどっちだ〉か…」

「つぼ」を訪れ好物の塩ラーメンを食う度に、何故か嫁が言った言葉を思い出した。


「ツボちゃん、まだキックボクサーになりたいと思てるか？」

「はあ、まあ。けど店が御覧のような状態でして…」

満席である。

「そやな。ランチも忙しくなって、夜も営業時間を夜の三時まで延ばしたわけやからなあ。とても練習なんか、やってられへんわなあ」

やがて、坪井の腹が出て来た！（笑）
常に若竹の如き引き締まった身体を持っていた坪井の腹が、だ。

「何やツボちゃん、俺らとおんなじような体型になって来たなあ」

「ウシッ！　面目ない…」

そう言って、坪井ははにかみながらも嬉しそうに笑った。

こんな坪井の笑い顔を、初めて見た。


そうか。

坪井は今、幸せなのだ。

結婚し、目の中に入れても痛くないほどにかわいい娘も出来た。

店も相変わらず繁盛している。

歳も三十を超えた。いまさらプロ格闘技でもないよなツボちゃん。


「ご馳走さん！」

「オシッ！　七百円です」


店を出る。

ＪＲ兵庫駅上空、真っ赤な夕焼け。

「明日は…どっちだ…」

ふと予感が走る。
いや、もう路線変更など、あってはならない。
坪井の人生は、これで盤石になるのだ！

盤石に……

四

だが彼はやがて、二度目の傷害事件を起こす。

青天の、霹靂だった！

「何をした坪井ッ?!」


坪井に起こったこの悲しむべき事件の真相は、いつの日か彼自身の口から語られるまで封印しよう。

ただ、これだけは言っておく。

大切な娘が、もう少しで死んでいたかも知れなかったのだ。

もし私が坪井の立場だったなら、間違いなく彼と同じことをしただろう。


この事件で、坪井は店をしばらく休業せざるを得ない状況に追い込まれた。

この間、彼はかわいい娘の親権が剥奪されるのを覚悟で離婚する。そして実際、親権は奪われた。

この事態は当時の坪井の怒りの大きさをよく示してはいるが、これについても敢えて今は触れない。

いつか彼自身が語る日を待つことにしたい。


店の営業は停止され、やがてその店は無人となり荒廃した。

我々の前から姿を消し、どこかへと去った坪井将誉よ、これで終わるのか?!

本当に、これで本当に息の根が止まったのか?!

こんな…こんな十点鐘を、俺達は聞かなければならないのか?!

それは拙書『合気真伝』で初めて「坪井将誉伝」を掲載し、広く彼の根性と頑張りを紹介した一年ほど後の出来事だった。

五

「いや〜、ちょっとショックですね、ＪＲ神戸駅やＪＲ兵庫駅って。何故って、神戸市の〈神戸〉、兵庫県の〈兵庫〉でしょう?　なのに三宮駅なんかに比べたら、まるで寂しいじゃないですか」

特に関東からの旅行者がよく言うセリフだ。

そう、駅名は〈兵庫〉だが、確かに街としては場末感が漂う。

そんな寂しい街に夜遅くまで行列を作って見せ、一人気を吐いたラーメン屋の灯が消えた。

辺りは「ラーメン・つぼ」が出来る前の、ある意味本来の閑散とした風景を取り戻した。


時折、閉められた店の前にグルメ誌を持った人達がやって来て、「えーー、閉まってるのか?! 今日は定休日じゃないのに…」と叫び、名残惜しそうにしばらく佇んだ後、肩を落としては去った。

だがそのような光景も、やがて絶えた。


忘れようとしていたのかも知れない。

何故だ? せっかくあれだけ…と思うほどに、残念でならなかった。

その残念さが、とても疲れる。

だから忘れようとしていたのだ、やはり。


事件後三ヶ月ほどが過ぎた頃、しかし突然坪井から連絡が入る。

「店、再開してます! また宜しくお願いします、ウスッ!」

嬉しいはずが、何故かそうでもなかった。

坪井よ、あれだけ店を放っておいたのだ。そして君の家庭も、もうない。

また、一からやり直しなんだぞ。

君が苦労して店を出し、ライバル店を追いやり、やっと多くの客を掴んだ、あの険しい道程。

常連の反発もあるだろう。既に他店に鞍替えした客もあろう。そう考えると、状況はむしろ以前より厳しい。


俺ですら、あまり嬉しいとは感じていないのだ。

こんな状態で、果たして新たなるゴングは鳴るのだろうか。

六

呆気に取られた。

足取りも重く、それからほぼ一年後に久々に「ラーメン・つぼ」に寄った時のことだ。

昼間のランチ時だったが、店内は満員だ！

しばらく、外で待った。


「坪井！」

「あ、炭粉先生！　来てくれはった（「来て下さった」の意）んですか！　ウスッ！」

「その〈先生〉言うのん、止めてんか（「止めてくれ」という意）！　凄いな…満員やないか！」

「はい、初めは苦労しましたけど、みんな戻って来てくれまして…」

「うーーーん…」

一体、この男には今まで何回、唸らされたことだろう。

とにかく、良かった。

ゴングは鳴ったな！　ツボちゃん。


ふと、気付いた。

「おや？　坪井の腹が…へこんでいる」

「はい、店を再オープンして半年後にキックのジムにも入り、本格的にトレーニングも開始しましたからね」

「え？　それではいつぞやも言ってた…」

「はい、プロのキックボクサー目指します！」

七

プロ目指すって…

今の坪井の毎日で、一体どこにそんな時間が取れるのだ？

昼は十一時から二時まで営業。

夜は六時から翌三時まで営業。

つまり営業時間だけでも十二時間あるのだ！

しかも、旨いラーメンを作るための仕込み、それに食器洗いに店の掃除…それらにどう考えても六時間はかかる。それを営業時間に足してみろ。

十八時間にもなるんだぞ坪井！

一日は二十四時間しか、ない。


だが！

坪井将誉は本当に行動を開始させるのだ！

在神のキックボクシングジムに入会し、僅かな暇を見つけては走り込み、そして身体を鍛え始めた！

やるとなったらトコトンやる坪井のことだ、彼の身体は見る見る引き締まって行く。しかも、仕事は決して休まない。


家に戻っても、もうそこには愛娘はいない。すなわち、坪井の幸せは消滅したのだ。


気持ちは、解る！

だが…だが一体、君はいつ寝るのだ?!


加齢もある。

根性だけでは、もうムリなんだ坪井将誉。

八

それからしばらくの間、私は坪井将誉から距離を置いた。

そんなこと、実際に続けることなど出来るはずがない、と思ったからだ。

とすれば、坪井の口からは絶対にこんなセリフだけは聞きたくなかったからだ。

「頑張ってはみましたが、やっぱムリでしたわ～」

坪井将誉との付き合いは長いが、この男は絶対に言いわけをしない。本当にしないのだ。今まで聞いたことがない。

だから、嫌なのだ。それを彼の口から聞くことが。

聞けば、聞いてしまえば、同時に私も何かとても〈大切なもの〉を失う気がするのだ。

しかし、繰り返すが坪井の今の行動を続けることはムリなのだ、どう考えても。

だから、彼とは会いたくなかった。

何度か「一杯やろう」とのメールが来たが、適当な理由をつけて断り続けた。


ところで、坪井が言わないことがもう一つある。

それは己の練習に関してだ。

「俺はこんなに凄い練習を、これほどにやって来た」的なことを、坪井は決して言わない。

それは彼にプロとしての矜持があるからだ。

いつか何かに書いたと思うが、アマチュアの選手はプロセスを語りたがる傾向がある。そしてそれが有名選手なら、マスコミも彼らの猛練習の特集を組んだりもする。我々はそれを見て感動する。

だが、プロの選手にとってはプロセスを取材されることは〈恥〉でしかない。

プロは〈結果〉が全てであり、勝利するにしても敗北するにしても、それまでのプロセスを語ることは少し早めに口に出す〈言いわけ〉と等しい。だから坪井が語るはずもないのだ。


だが、坪井はもはやプロではない。

従って、言いわけは許される。

そんな坪井将誉を、断じて見たくなかったのだ!

やがて彼からのメールは途絶えた。

九

そして実際。

我々が会わずメールも途絶え、従って何も語らなかった期間。

坪井が語らない〈プロセス〉は実は着々と進行していた!

私は全く知らなかった。彼がキックボクシングのある程度の技術を身に付け始め、アマチュアの試合に出始めたことを!


知人を通じて、ある日知った。

「坪井将誉が、アマの試合で勝った」


えッ！

アマとはいえ、もうそんなレベルに来ていたのか！

何と……


「坪井！　試合に出るなら、何故連絡して来なかった?!」

「ウスッ、あんなんアマですから。見て貰うようなモンちゃいますから。ヘッドギア付けて、しかもリングやなしにマットだけですから」


思い出した！

まだ「ラーメン・つぼ」を出す前の修行中に、彼はその修行しているラーメン屋に我々が応援に行くのを断固として断っていたことを。


そうか…そうだよなツボちゃん。

悪かった！

やっぱり君はプロだ！
たとえプロボクシング界を去ったとしても、永遠に！
だが、よくも本当に続けて来られたものだ…
それは想像以上に辛かっただろう…

スマン！
俺達はアマチュアだ。
だからせめて、君が語らぬプロセスを想うことを、顧ることを許してくれ！

そして、遂に彼がプロの格闘者に返り咲く日がやって来る。

十

アマの試合で実績を上げ始めた坪井将誉を、やはり興行主は放ってはおかなかったのだ。

何せ、神戸一の人気を誇った元プロボクサーであり、テレビ出演どころか彼の特集を組んだ番組すらあった。また、ラーメン店経営というのも興行的に絵になる。最近ではそのラーメン絡みで朝の番組「よ～いドン！」に出演、〈となりの人間国宝〉にも認定されているほどなのだ（笑）。

ラーメン屋の、元プロボクサーのオッサンが身体を絞り、今度はプロキックボクサーとしてリングに上がり、同じプロの選手とドツき合いをする。

興行的バリューは、充分だった。

かくて、坪井将誉のプロとしての試合が組まれる。

坪井の故郷・プロのリング

〈格闘武道会 ACCEL 格闘技★夏祭り！　7.19（日）神戸サンボーホール PM4:00 ゴング！〉

第３試合
ラーメン TSUBO（勇誠会）
VS
ゴールデンヤンキー（フリー）
３分３R延長なし
56 kg 契約

十一

試合数日前に、激励に店を訪れた。
久し振りのつぼ・塩ラーメンだ！

「ツボちゃん、パンチや！　パンチで倒せ！」

「ウスッ！　分かってます。蹴り合いとなったら、こちらが不利ッすからね」

でもね、十五年振りのプロの試合ッすわ。

ええモンです……

遠い目つきになり、坪井はそう呟いた。

当日の日曜日、地元の親友・波多野佳孝の車に便乗し、会場に入った。

「ツボちゃん、身体動くんかいな」

「だから短期決戦あるのみや。第一ラウンドの、それも一分以内に懐に飛び込んで、蹴りが無効なショートの間合いからのフックかアッパーで仕留められれば…」

「けど、ショートとなれば膝蹴りあるからな」（注：今回の試合は肘は禁止されている）

「………」

正直、こう思っていた。

「よくその歳で、激務の中精進し、プロとしてリングに立った！　坪井よ、もうこれで充分だ！」

正直、勝てはしないだろう。

やがて、場内アナウンスが響く。

「青のコーナー、ラーメンTSUBOーーッ！」

ゴオオオオーーン…という、どよめき。

そして、拍手。

変わったところは、登場の仕方だ。

ボクシング時代は、蝶のように軽やかにリングに入って来たものだ。

だが今回、坪井はリングに入るや深々と頭を下げた。

まるで、武道家の風格があった。

しかし、次の瞬間、彼はグローブをはめた両拳を高々と天に突き上げた！
「オオオーーーッ！」と歓声が上がる。

みんな、知っているのだ。
プロボクサー・坪井将誉を。

待っていたのだ、
彼の登場を!!!

彼の故郷・プロのリングに、再び帰って来ることを!!!

さあ！
坪井将誉、見せてくれ！
俺達に、君の戦いを！

かつてのように……

十二

ゴングが響く！

第一ラウンド、開始！

お互い、少し様子を見合うや…ほぼ同時に飛び込み、いきなりショートからの殴り合い！

「よっしゃあ坪井！　それでええそれでええ！　パンチで勝負やあ！」

観客席のあちこちから、声が飛び交う。

驚いた。引退試合の時よりも、断然動きが良い！

いいぞ！　その間合いからならミドルもハイも出ない。

パンチ勝負や！

勿論、上級者ならその間合いからでもハイを蹴って来る。

だがこの試合は坪井にとってはデビュー戦だ。そんな技術のある者とはマッチメイキングしていないはず。

行け行け坪井！

嗚呼、その内フックでも、テンプルに当たってくれれば…

だが、さすがに相手もプロだ。

おいそれとは坪井にボクシングをさせない。

そして、第一ラウンドが終了。

いかん、持久戦になれば蹴り合いに慣れぬ四十二歳の坪井にはますます出目はない…

そして第二ラウンド。

これも一進一退の攻防が続いて両者、分け。
坪井の状態が気になって、コーナーにて休む彼の様子を凝視した。
意外に、疲れは見えない。
そうか！
あの激務の中で練習を続けて来た坪井だ、スタミナは心配ない！
勘違いしていた。
昔から、持久力は飛び抜けていた。
それを、忘れていた。

いつぞや、千メートルほど続く山の坂道を、戯れに彼と走り合ったことがある。彼はそれこそ獣のように軽やかに走り抜け、やがて必死に走る私の視界からフッ…と消えた。
私が青息吐息で登り切ると、待っていた坪井はこう言った。

「遅かったッすね～、一眠りしよか思てました（笑）」

さあ、いよいよ、ファイナルラウンドだ！

十三

ゴングが鳴った。

悔いのないように、戦え！

打て！

突然、相撲で言う〈けたぐり〉のような、坪井のロー！

「おおッ！　坪井の足技…」

「要らん要らん！　そんなん要らんから坪井ーッ！　間合いを詰めろ間合いをーーッ！」

カンカンカン！

ファイナルラウンド終了！

よく戦った！
遂に最終ラウンドの判定に持ち込まれたぞ。
さあ、どっちだ?!

俺には、パンチのコンビネーションの完成度は、完全に坪井が勝っていたように見えたが…

「絶対ツボちゃんの勝ちゃああー!!」
誰かの声が、静まり返る会場に響いた。

「……勝者、TSUBO オッ！」

「ウオオオオーーーッ!!!」

やった！　やった!!
やったあああ!!!

坪井将誉、まさかの勝ちやあああ!!!

夢を見ているようだ、まるで。

リング上では、ラウンドガールに囲まれた坪井にカメラが群がっていた。

だが、この後でもう一度、会場に異様な唸り声が上がる。

場内アナウンスが響いた。

「なお、『ラーメン・つぼ』は今夜も十時からオープンし、営業するとのことでーーーす!」

「オオオーーー…」

な、何やてえええ?!!

十四

波多野と、一緒に試合を見に来ていた彼の奥さんと共に、会場を出た。

勿論、試合はまだ続いた。タイトルマッチも用意されていた。

だが、もう腹一杯となった我々には、これで充分だ。


本当に十時から店を営業させるのなら、是非とも訪れ健闘を労いたい。波多野夫婦とも別れ、私は一人三宮の喫茶店に入った。

意外なことに、今、酒は呑みたくはなかった。


落ち着いて、坪井の試合を冷静に思い出したかったのだ。


「アイツ…ホンマに勝ってしまいおった…」

嬉しさが、はらわたから突き上げて来る。

アイスコーヒーが喉から逆流しそうになり、慌てた。

「しかし、試合後の坪井の上半身は、右側だけが赤く腫れていた。ということは、左を多く貰ったということだ…」

ボクシングであれフルコン空手であれ、キックボクシングであれ、上級者であればあるほど左のパンチやキック（無論ボクシングにはキックはないが）を使って来る。サウスポーではない仮定で、お互いに構えた時、当然左の方が相手に近い。打撃系格闘技の場合は柔道とは違い、右効きなら普通、左足前の構えを採る。だから早く相手に当たるし、相手からは見えにくい。そして自分の放つ左技が当たる相手の右サイドには、急所のレバー（肝臓）がある。ここを打たれた時のダメージは、経験者しか分かるまい。

故にボクシング界では〈左を制するものは、世界を制す〉と言われるほどなのだ。

そこを、かなり打たれ蹴られたことになる。

相手にまだ左技を効かせる技術がなかったから良かったが、今後の課題だ…

東京に指導に出ている保江邦夫と、名古屋に指導に出ている畑村洋数に、それぞれメールにて坪井の勝利を伝えた。

すると直ぐに返事が来た。

保江はわざわざ電話をかけて来て、「かくなる上は是非『坪井将誉伝』の続編を書かないと、炭粉さん！」

と言った。

私も、そう思った。

畑村からは、「素晴らしい！　私の代わりに弟子の伸一が『ラーメン・つぼ』に行く言うてます」

とのメールが着信。

おおッ！　畑やんの現在の筆頭弟子・藤原伸一君がわざわざ来てくれるのか！

十五

果たして、夜の十時に店は開いた。

店内はあっという間に、満員御礼。にもかかわらず、次から次へと客が押し寄せる。

バイトを一人使いながら、坪井が奮闘していた。

私が店に入ってほどなくして、藤原君が駆けつけて来てくれた。相変わらず、格闘家と一目で判る素晴らしい身体だ。

「押忍ッ！　炭粉先生、只今参りました」

ビールを頼み、二人でまずは祝杯だ。

「押忍！　先生、僕は思うのですが、結局人生は〈やる気〉ですよね。坪井さんの生き様を見ていて、本当にそう思います」

「そうだよね。畑村会長も常に言われる

この夜、坪井は根性で店を開けた。

が、諦めずに続ければ、今に必ず出来る！　か…」

「ウスッ！　今日は応援有り難う御座いました。塩ラーメンです」

「ツボちゃん、ダメージは？」

「全然ありませんわあ！　全然効いてませんから！」


嘘をつけ。

さっきラーメンを運んでいた時、やや足がもつれていたぞ。

にもかかわらず、よく店を開けた！

まさに、〈根性の男〉。

カウンター席を埋め尽くしているのは、ほとんどが坪井のファン達だ。

そのファン達に向かって、坪井は言った。

「今回、自分は…今まで何をしてもダメやったいう人達のために戦いました。『やったら出来るねん！』いうことを感じて貰お思て戦いました。皆さんのお陰で結果出せて、ホンマに良かったです」

顔を上げず、聞き流した。ラーメンを喰うフリをして。

目頭が、熱くなったのだ。

「バカ野郎！　ショッパい味は、塩ラーメンだけにしとけ！」

「不屈の男、坪井将誉ぁ!!」

客の一人が叫んだ。

そうだ！　その通りだ！　と次々に声が上がり、拍手が起こる。

「ウスッ、有り難う御座います！」

その言葉に、初めて私は頭を上げて坪井の方を見据え、そして言った。

「ツボちゃん、〈不屈〉って、漢字で書けるか？」

店内、爆笑！

エピローグ

坪井は、大きく失った。

そしてまた、大きく得た。

月並みな日常の幸せを、決して否定したわけではない。

結果として、それを失っただけだ。

だがそれを言うなら、格闘家として蘇ったのも、坪井将誉という名の〈人生〉の〈結果〉なのだ。

蘇った、と、今言った。

そうだ！

復活したのだ、まるで…自ら炎に飛び込み灰になりながらも、その灰の中から再生するという伝説の鳥・フェニックスのように。

そう言えば、ラーメン・つぼのポスターには、炎がデザインされている。

「皆さん、でも今回、まだ始まったばっかりです。これからも応援、宜しくお願いします」

そうだ！

確かに、始まった。

以前のように。

また彼の、灼熱の人生が！

プロフェッショナル・坪井将誉を前にする時、だから俺達は永遠に〈観客〉でしかない。

それで、いい。

それで充分だ。

そう思っている。

次の試合も、楽しみにしている。

さあ！

見事リングに帰って来た坪井将誉の……

明日は、どっちだ?!!

母は、重ねて言った。
「それがね、前が見えないだろうと座ってくれた学生も、あの頑固者で学生からは〈痩せ狼〉とあだ名された父も、何故かね…ニコニコと凄い笑顔だったよ。ボクシングと言えば、今も思い出します。関学の、美しい風景と共に…」

続・坪井将誉伝　―完―

式
炭粉良三

著者：炭粉　良三（すみこ　りょうぞう）

1956年、兵庫県生まれ。活法師。長年武術の修業にいそしみ、2008年の保江邦夫との交流を通して合気の実在を確信、同時にその中に治療原理を予感する。

2013年10月以降、骨折が掌をあてがうだけで一週間以内に完治するという奇跡を医師の目の前で二回起こし、翌2014年6月、この境地が武の自由攻防においても有効であることを発見する。

この武・医に渡る境地を「零式」と名付け、爾来様々な病や怪我に対し実験を重ねる。そして2015年6月、病院の検査にて零式施術のみで母の第三期大腸癌が消失していたことを知る。

現在、あらゆる疾患に対して零式の有効性を試す毎日である。成功率、約6割。

著書：『合気解明』『合気真伝』『合気流浪』『合気深淵』『合気解体新書』『零式活人術』（いずれも海鳴社・バウンダリー叢書）

＊＊＊＊＊バウンダリー叢書＊＊＊＊＊

零式活人術Ⅱ（れいしきかつじんじゅつⅡ）

2015年　11　月　10　日　第1刷発行

発行所：㈱ 海　鳴　社

http://www.kaimeisha.com/

〒101-0065　東京都千代田区西神田2-4-6

Tel：03-3262-1967　Fax：03-3234-3643

発　行　人：辻　　信　　行

組　　　版：海　　鳴　　社

印刷・製本：モリモトト印刷

出版社コード：1097

ISBN 978-4-87525-322-8